LE MARIAGE
DU CAPUCIN,
COMÉDIE.

A V I S.

Uɴ Comédien fripon m'a volé ma pièce, l'a fait défigurer tant dans le style que dans l'action ; il en fait un commerce illégitime en la faisant jouer dans plusieurs villes sans mon aveu. Les honnêtes gens peuvent le juger. Je le livre à leur opinion.

Un Libraire de Paris, qui dit à qui veut l'entendre qu'il est coquin, (et tout le monde le croit) a fait tirer à la représentation de mon ouvrage, une copie informe qu'il a osé présenter au public sous mon nom. Il a coupé des scènes entières ; il n'y a pas une phrase de juste, et il a eu l'audace de faire imprimer cette Comédie pour la vendre à son bénéfice. Ce contrefacteur abominable est connu, ainsi que l'acteur estimable que j'ai cité ci-dessus. Ecrire leurs noms, ce serait souiller ma plume.

Je préviens le public que cette édition est la seule conforme à mon manuscrit, et à la représentation la seule que l'on puisse lire, et la seule que les Directeurs des Départemens puissent faire représenter avec succès sur leurs théâtres. Si les lecteurs comparent cette pièce avec celle qu'on a dérobée, ils pourront aisément en faire la différence et me rendre justice. Le Mariage du Capucin depuis trois mois est à sa soixantième représentation à Paris ; et certes si on l'eût exposé à la scène de la manière dont mes voleurs l'ont arrangé, il n'y aurait pas resté soixante minutes.

LE MARIAGE DU CAPUCIN,

COMÉDIE

EN TROIS ACTES, EN PROSE.

Représentée avec succès sur le Théâtre de Louvois, à Paris, le 11 prairial an 6.

On trouve à la fin de cette pièce la musique de la romance, avec les accompagnemens.

Cette édition est la seule conforme à la représentation.

Par le C.en PELLETIER-VOLMÉRANGES.

S'il est cruel de faire des fautes....il est bien doux de les réparer.
ACTE III, *Scène dernière.*

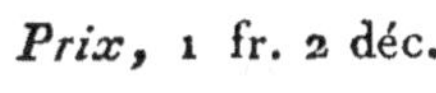

Prix, 1 fr. 2 déc.

A PARIS,

Au Bureau Dramatique, rue Helvétius, N.º 664;

Chez { Migneret, Imprimeur, rue Jacob, N.º 1186;
      Vente, Libraire, Boulevard des Italiens.

AN VII.

PERSONNAGES, COSTUMES et EMPLOIS.

Mme DESBOIS , aubergiste. Fourreau mordoré , tablier de taffetas noir , et un grand bonnet de gaze. } **Premier Rôle.**

AUGUSTIN , fils de Mme Desbois. Il est âgé de 14 ans ; une petite redingotte puce. } Un jeune homme de cet âge , ou une jeune femme dont le physique puisse compléter l'illusion.

CHARLOTTE , fille de Mme Desbois. Elle est âgée de 13 ans ; fourreau blanc et tablier de taffetas verd. } Une jeune fille de l'âge indiqué.

DORSAINVILLE aîné , amant de Mme Desbois. Une robe de capucin , une longue barbe , ses cheveux longs et tombant sur le front , des bas couleur de chair , des sandales de cuir et un grand bâton à la main. Au 3.e acte , un habit d'officier de dragon , chapeau , bottes , épée et du rouge. } **Premier Rôle.**

DORSAINVILLE cadet , lieutenant de cavalerie. Un frac bleu , gilet blanc , culotte jaune , chapeau d'uniforme , épée avec une dragonne et des bottes. } Jeune premier.

ROCHEMONT , fils d'un procureur , déguisé en officier. Habit écarlate , revers jaunes ; veste et culotte blanche , une épée et des bottines. Fat ridicule. } 3.e Amoureux très-jeune.

MARGUERITE , femme de charge de l'auberge ; vieille coquette et grondeuse. Une robe à l'ancienne mode , et un petit bonnet monté. } Soubrette marquée.

BRILLANT , perruquier gascon , amoureux de Marguerite. Habit de poudre un peu court , deux grosses boucles très-hautes et un cataugant au milieu du derrière de la tête ; le tout poudré à blanc , un petit chapeau retapé à la militaire. } Premier Comique.

L'EXEMPT de la Maréchaussée. On connaît l'uniforme. } Troisième Rôle.

ACCESSOIRES.

PIERRE , } domestiques.
MARCEL ,

JUSTINE , } jeunes servantes.
MARIANNE ,

CAVALIERS de la Maréchaussée.

La Scène se passe en Provence , sur la frontière du Piémont , dans une auberge qui se trouve seule au milieu d'un bois.

LE MARIAGE DU CAPUCIN,

COMÉDIE.

ACTE I.

*Le Théâtre représente une salle d'auberge. A la seconde
coulisse, à la gauche de l'acteur, est une cheminée où il y
a du feu et une chocolatière auprès ; du même côté, un peu
en avant, une petite table sur laquelle sont un miroir, une
boîte à poudre et un petit carton rempli de rubans (c'est la
toilette de Marguerite) ; à la droite, une grande table
couverte d'un tapis, une écritoire, le livre où l'on écrit les
noms des voyageurs, deux tasses à café, et une corbeille
avec des petits pains.*

SCÈNE PREMIÈRE.

MARGUERITE *seule, ayant l'air de parler à quelqu'un
qui s'en va, et faisant l'agréable.*

VOTRE servante, Messieurs, portez-vous bien. (*Avec humeur.*)
A la fin, les voilà partis !... Je crois que je ne finirai pas ma toilette d'aujourd'hui. (*Elle s'assied et se regarde dans le miroir.*)
Que ce bonnet me va mal !.... Là, j'ai pourtant paru comme
ça devant les étrangers.... Un peu de poudre ... Hé !... je ne
suis pas encore à dédaigner... Il y a vingt ans, j'étais mieux...
mais le temps... le temps ! quel ravage il fait sur la beauté !...
Si mon amoureux m'avait vue alors. . . . Ajustons un ruban.
(*Elle cherche dans le carton et se met un ruban.*) Allons,
allons, je puis encore faire des conquêtes. Serrons tout cela.
(*Elle va porter dans la coulisse le miroir, la boîte à poudre
et le carton : cela doit se faire d'un temps ; ensuite elle va à
la cheminée remuer le chocolat.*) Voilà le chocolat prêt, et
Brillant ne vient point ! (*Elle va chercher les tasses et la
corbeille, et les met sur la table où elle a fait sa toilette.*)
Cependant je lui avais dit que nous déjeûnerions ensemble. —
Quand ma maîtresse sera réveillée, je lui donnerai son argent.
Elle repose, tant mieux, je veillerai pour elle. — Oh ! elle

est bien à plaindre ! Depuis dix ans que je suis à son service, il n'est pas un seul jour que je ne l'aie surprise à pleurer.... Et pourquoi? .... Voilà ce que j'ignore. Elle pleure en embrassant ses deux petits enfans qu'elle élève avec un soin particulier; leur éducation est des plus distinguées; à l'âge de treize et quatorze ans ils sont déjà fort instruits, et même ils sont aimables; il faut être juste, et Madame ne néglige rien pour eux; elle le peut. Elle gagne beaucoup; cet hôtel est bien achalandé, et malgré ses aumônes journalières, (car les pauvres sont ici logés gratis) elle s'enrichit.... Elle le mérite... elle le mérite. — Mais d'où vient son chagrin? ... Est-elle mariée? ... Est-elle veuve? ... Qui est le père du garçon ou de la fille? ... Je ne sais. Elle a un portrait qu'elle regarde souvent... Mais ce n'est pas ce portrait qui est la cause.... Hem! hem! que sait-on? .... Je voudrais pourtant bien savoir son secret ! (*Se parlant à elle-même d'un ton sévère.*) Taisez-vous, mademoiselle Marguerite, et réprimez vos desirs curieux : votre maîtresse est libérale, elle vous paie, vous laisse l'autorité dans sa maison, et vous devez vous taire, entendez-vous. (*Tout bas.*) Oui, oui, je me tairai. (*Elle tire une grosse montre d'argent*) L'heure s'avance; voyez si ce damné Gascon viendra ! ... Ah ! l'amour ! ... l'amour donne furieusement d'inquiétude ! .... Aimer à mon âge, quelle folie ! ... Marguerite, tu t'en repentiras, ma bonne amie, tu t'en repentiras ! ... Peut-être, peut-être? Ce Perruquier est vif, enjoué, et d'un bon caractere : je le gronde tant que je veux, et j'ai toujours raison ; il n'en faut pas davantage pour me décider. Un mari qui ne contrarie point sa femme est une chose bien rare à trouver ! et nous ferons un ménage excellent. —Je l'entends... il chante, il n'a point de mélancolie, ce gaillard-là.

<hr>

SCENE II.

MARGUERITE, BRILLANT, *qui entre en chantant.*

BRILLANT.

Eh ! von jour, délices de mon âme ! jé vous trouve céleste cé matin, et l'aurore qui sé lève est moins vermeille qué vous.

MARGUERITE, *brusquement.*

Allons, allons, trève de complimens.

BRILLANT.

Avez-vous l'humeur luguvre?

MARGUERITE, *en colère.*

Il vous convient bien de vous faire attendre par une fille comme moi? Mort de ma vie! je ne sais qui me tient que je ne jette le chocolat dans les cendres. (*Elle va à la cheminée.*)

BRILLANT, *la retenant.*

Il né faut pas faire céla, ma poule; cé qu'on perd né sé rétrouve point à l'avenir, et fait grand tort pour lé présent.

MARGUERITE.

Est-ce que vous ne pouviez pas venir plus matin?

BRILLANT.

Un doux sommeil appésantissait mes paupières, et des songes flatturs voltigeaient dans mon imagination.

MARGUERITE.

Dès que ce bijoux dormait, je devais l'attendre toute éveillée. Il est si mignon!

BRILLANT.

Beaucoup.

MARGUERITE.

Faquin!

BRILLANT.

Né vous fâchez pas; j'étais loin dé vous, ma fauvette, mais j'étais auprès dé vous.

MARGUERITE.

Vous étiez auprès de moi? et comment?

BRILLANT.

Écoutez, la vérité va sortir dé ma vouche.

MARGUERITE.

La vérité dans la bouche d'un gascon? oh! nous ne sommes plus dans le siècle des prodiges.

BRILLANT.

Vous né mé sortez point dé l'idée; lé jour, la nuit, jé né pense qu'à mon amour.

MARGUERITE.

Vous, amoureux? voilà une bonne gasconnade! je crois que vous ne l'avez jamais été.

BRILLANT.

Dé vous sule, ma Vénus !

MARGUERITE, *lui donnant un souflet.*

Impertinent !

BRILLANT.

Eh donc !

MARGUERITE.

Maudit raseur, si tu me donnes encore ce nom-là, je t'arrache les yeux.

BRILLANT, *lui retenant les mains.*

Cadédis, arrêtez. — Au surplus, puisse la fin dé mon songe dévénir une réalité.

MARGUERITE, *ironiquement.*

Que signifiait-elle ?

BRILLANT.

Qu'aujourd'hui vous mé donnériez la main.

MARGUERITE.

Moi ?

BRILLANT.

Vous-même, succulente créature. Jé rêvais qué vous aviez consenti à dévénir mon épouse. Alors, en grande pompe, jé vous conduis au temple dé l'hymen ; il nous unit. Les jeux, les ris et les plaisirs nous portaient dans les bras dé la volupté, et j'allais être hureux, quand l'appétit m'a réveillé.

MARGUERITE.

Oh ! l'admirable songe ! Le plus vrai de cela, c'est l'appétit. Déjeûnons.   (*Ils s'asseyent.*)

BRILLANT.

Jé lé veux bien ; car après lé plaisir dé parler, celui dé manger est lé plus doux.

MARGUERITE, *après avoir versé le chocolat.*

Vous êtes servi.

BRILLANT, *voulant lui baiser la main.*

Il faut qué jé vaise cette velle et généruse main.

MARGUERITE.

Point de familiarité, ou jour de dieu !... (*Elle lève la main.*)

BRILLANT.

Né vous formalisez pas, c'est la réconnaissance qui. . . .

MARGUERITE.

C'est ce qu'il vous plaira, mais point de gestes.

BRILLANT.

J'aime lé sexe ! vous êtes si agréable !

MARGUERITE.

C'est bien, c'est bien.

BRILLANT *mangeant.*

Cé chocolat est un nétar !

MARGUERITE.

Il est délicieux ! j'en avais besoin.

BRILLANT.

Vous avez beaucoup dé mal dans cette maison ?

MARGUERITE.

Beaucoup, mais je ne m'en plains pas ; ma maîtresse est humaine, et récompense toujours au-delà des peines que l'on se donne.

BRILLANT.

C'est un modèle dé bienfaisance et dé vonté.

MARGUERITE.

Avec tout cela, elle n'est point heureuse.

BRILLANT.

Elle souffre, et l'on né sait pourquoi. (*Bas à Marguerite.*) C'est son mari, peut-être. . . .

MARGUERITE *l'interrompant d'un air mystérieux.*
Elle doit traîner beaucoup le mot silence.

Silence !

BRILLANT *gaîment.*

Parlons dé notre mariage ; cé sera quand vous voudrez.

MARGUERITE.

Nous verrons ça.

BRILLANT *avec force.*

Vitément, jé vous prie ; car jé vous aime, et jé vrûle;

MARGUERITE.

Votre feu est donc bien vif ?

BRILLANT *avec explosion.*

C'est un vûcher ardent qué jé porte en mon cur !

MARGUERITE *en riant.*

Quel original ! il me fait rire avec son bûcher.

BRILLANT, *avec la plus grande chaleur.*

Rien n'est comparable à mon ardur ! (*Prenant un ton patelin.*) Mademoiselle Marguérite, j'aurais un pétit service à vous demander.

MARGUERITE *d'un ton sec.*

Quel est-il ?

BRILLANT *continuant le ton patelin.*

Jé crains d'être importun , mais dans le vésoin on né put s'adresser qu'à ses amis.

MARGUERITE *brusquement.*

Au fait.

BRILLANT *lentement et affectueusement.*

J'aurais affaire dé soixante francs.... Né pourriez-vous pas ?

MARGUERITE *vivement.*

Non , je ne le peux pas , non. Vous êtes un mauvais sujet , vous jouez , vous allez au cabaret, et mon argent ne servira point à cela.

BRILLANT *avec un air de dignité.*

Vous mé taxez injustément.

MARGUERITE.

Oh ! sans doute, il n'y a qu'à vous croire. — Mais que voulez-vous faire de cette somme , voyons ?

BRILLANT.

Ancien militaire, ma plus velle parure est l'havit d'uniforme. Le servitur dé cet officier qui passa la semaine dernière m'a vendu l'équipément en entier, je lui ai donné un à-compte, il mé l'a laissé ; il doit répasser démain, jé lui ai promis dé lui rémettre lé reste à son rétour, et jé né voudrais pas manquer à ma parole.

MARGUERITE *d'un air important.*

Pour cet objet, je n'hésite plus, j'aime qu'on s'acquitte. Tenez, il y a dans cette bourse ce que vous m'avez demandé. (*Ils se lèvent.*) Allez, et songez à me rapporter cela le plus promptement que vous pourrez.

BRILLANT *avec joie.*

Comptez sur ma réconnaissance ! et s'il lé faut, jé mé passérai dé boire et dé manger pour vous rendre exactément.

MARGUERITE.

J'y compte bien ; mais au revoir, décampez, décampez.

BRILLANT.

Adieu, maîtresse dé mon ame, jé vais faire mes pratiques.

MARGUERITE.

Bon jour, bon jour.

BRILLANT *revenant.*

Il n'y a personne à raser dans la maison ?

MARGUERITE.

Non, tout le monde est parti.

BRILLANT.

Je pars aussi. (*Il revient.*) Vous né voulez pas un pétit coup dé peigne ?

MARGUERITE.

Non, non.

BRILLANT *s'approchant.*

Un pétit vaiser ?

MARGUERITE *reculant.*

Point, point.

BRILLANT *la pressant.*

Jé vous en conjure. (*Il veut l'embrasser de force.*)

MARGUERITE *en se débattant.*

Finissez donc.... finissez donc.... aye ! aye ! (*Il l'embrasse.*) N'y revenez pas au moins.

BRILLANT.

Pardonnez à mon ardur. Jé vais à mon travail, et jé réviendrai passer les doux instans dé mon loisir aux pieds dé l'adorable Marguerite. (*Il sort en chantant.*)

SCÈNE III.

MARGUERITE *seule.*

Le charmant cavalier que ce Brillant ! il m'aime à l'adoration !... et moi aussi d'abord, et moi aussi. Près de lui, je n'ai que quinze ans.... On a bien raison de dire qu'on est toujours jeune tant qu'on est amoureux. — Il fait un temps du diable !... et pas un domestique de levé !... Là, voyez si l'on peut en faire quelque chose. Quel tapage je vais faire ! debout à la pointe du jour, j'ai tout le tracas de l'hôtellerie ; il faut que je fasse tout, que j'ordonne tout, que j'aie les yeux partout. O mon dieu ! mon dieu ! quel désordre ici ! rien n'est encore arrangé.... Ah ! comme je vais gronder ! (*Elle appelle.*) Marianne !

SCÈNE IV.

MARGUERITE, MARIANNE, ensuite JUSTINE, PIERRE et MARCEL.

MARIANNE *entre en se frottant les yeux.*

Me voilà.

MARGUERITE *appelant.*

Justine !

JUSTINE.

Que voulez-vous ?

MARGUERITE, *appelant.*

Pierre ! Marcel !

PIERRE.

Que ne prenez-vous un porte-voix , on vous entendrait mieux.

MARCEL.

Quand elle est éveillée , il n'y a plus moyen de dormir.

MARGUERITE, *aux servantes.*

Elles sont encore endormies. (*Aux domestiques.*) Et vous, grands fainéans, n'êtes-vous pas honteux ?

PIERRE.

Fainéans? Vous vous y connaissez. Et tout ce que nous faisons dans la maison , ce n'est rien , peut-être ?

MARIANNE.

Et nous ?...

MARGUERITE *frappe du pied, et tous les domestiques s'éloignent de frayeur.*

Finissons !.... et ne m'étourdissez pas davantage. (*Elle*

donne de l'argent à Pierre.) Tenez, voilà vos profits, allez partager.

PIERRE.

Avez-vous pris votre part ?

MARGUERITE, *en grognant.*

Oui, oui ; allez, et faites mieux qu'hier.

JUSTINE, *à part.*

Elle est aussi méchante que notre maîtresse est bonne.

MARGUERITE *prenant Justine par le bras, et la ramenant sur l'avant-scène.*

Que dis-tu-là, perronelle ? Est-ce que tu crois que je ne vois pas. . . .

JUSTINE.

Que voyez-vous ?

MARGUERITE, *élevant la voix.*

Je vois. . . . je vois. . . . que vous ne valez rien.

SCÈNE V.

LES PRÉCÉDENS, M.me DESBOIS.

M.me DESBOIS.

Qu'est-ce donc, Marguerite, je vous entends disputer ?

PIERRE.

Madame, nous avons trop d'ouvrage, et Mademoiselle veut que nous fassions plus que nous ne pouvons.

M.me DESBOIS, *avec bonté.*

Eh bien, mes amis, je prendrai des domestiques de plus, et j'augmenterai vos gages. Serez-vous contens ?

JUSTINE.

L'adorable maîtresse !

MARGUERITE, *avec humeur.*

Oui, vous n'avez qu'à les écouter, ils vous persuaderont qu'ils travaillent trop, et que vous ne leur donnez pas assez... Hum. . . .

M.me DESBOIS, *avec aménité.*

Pourquoi les gronder ? Ils font ce qu'ils peuvent. Allez, bonnes gens, continuez votre ouvrage, et ne soyez pas fâchés.

LES DOMESTIQUES, *en sortant.*
Oh! la bonne maîtresse !

SCÈNE VI.

Mme DESBOIS, MARGUERITE.

MARGUERITE.

FONT bien !... demandez-leur excuse. ... J'enrage !

Mme DESBOIS.

Leurs plaintes sont justes, je dois les écouter. D'ailleurs, ils me sont utiles ; ils pourraient se passer de moi, et je ne puis me passer d'eux ; avilir ceux qui nous servent, c'est se déclarer indigne des services qu'ils nous rendent.

MARGUERITE.

Vous avez trop d'égard pour ces gens-là.

Mme DESBOIS *en soupirant.*

Quand on a connu le malheur, on a pitié des malheureux.

MARGUERITE.

Mais pourquoi doubler leurs gages ? N'avez-vous pas des enfans ?

Mme DESBOIS.

Chacun doit recevoir le prix de son travail ; je n'enrichirai point mes enfans aux dépens du salaire de l'ouvrier et des sueurs du mercenaire.

MARGUERITE *outrée.*

Vous prenez leur parti ? Eh bien, je les laisserai faire à leur tête, et tout ira de travers. Pour vos intérêts, je querelle, je chicane, je me fais haïr, et vous venez tout gâter.

Mme DESBOIS.

Je te suis redevable de ton zèle.... Mais il faut avoir de l'indulgence pour les autres.... Nous en avons si souvent besoin pour nous-mêmes !

MARGUERITE *se radoucissant.*

C'est juste. — Mais pourquoi vous être levée si matin ?

Mme DESBOIS.

Pour t'aider, ma chère Marguerite.

MARGUERITE *vivement.*

Pour m'aider , pour m'aider ? Moi seule je puis tout faire.
Il fallait vous reposer.

M.ᵐᵉ DESBOIS *tristement.*

Oh ! ce n'est pas un grand sacrifice ; depuis long-temps le
sommeil ne m'est guère connu.

MARGUERITE.

Cependant vous pouvez vous fier à moi. Votre Marguerite
a l'œil à tout.

M.ᵐᵉ DESBOIS.

J'en suis persuadée. Crois que je te récompenserai.

MARGUERITE *avec amitié.*

Avec vous on ne manque de rien. Qu'ai-je à desirer pour
une fille de mon état ? . . . . Je suis plus heureuse que vous.

M.ᵐᵉ DESBOIS *douloureusement.*

On l'est toujours quand on n'a rien à se reprocher.

MARGUERITE.

Oui , et vous ne l'êtes pas.

M.ᵐᵉ DESBOIS *un peu troublée.*

Mais. . . .

MARGUERITE *vivement.*

Croyez-vous me tromper ? Vous êtes gaie devant le monde,
mais en particulier vous êtes malheureuse. C'est le chien de
portrait qui en est la cause , et. . . .

M.ᵐᵉ DESBOIS *fièrement.*

Paix !

MARGUERITE *changeant de conversation.*

J'ai l'argent des étrangers qui ont logé ici cette nuit.

M.ᵐᵉ DESBOIS.

Ont-ils paru satisfaits ?

MARGUERITE.

On ne peut davantage.

M.ᵐᵉ DESBOIS.

Nous compterons dans un autre moment. (*Avec intérêt.*)
Les pauvres voyageurs sont-ils partis ?

MARGUERITE.

A la pointe du jour.

Mme DESBOIS.

Leur avez-vous donné du pain pour leur journée ?

MARGUERITE.

Plus qu'il ne leur en faut.

Mme DESBOIS *avec sentiment.*

Je suis contente, ils ne sentiront pas la faim d'aujourd'hui.

MARGUERITE.

Ils sont partis en vous bénissant.

Mme DESBOIS *avec ame.*

Je suis trop payée ! La bénédiction des malheureux est un trésor pour moi.

MARGUERITE.

Vous avez raison, ô ma chère maîtresse ! vous êtes un modèle de vertu ; et je mourrais contente, si je vous voyais heureuse. (*Elle sort.*)

SCÈNE VII.

Mme DESBOIS *seule.*

Heureuse !.... moi ?.... Oh ! jamais. L'amour m'a fait commettre une faute que je pleurerai éternellement. Si j'étais la seule à plaindre, je souffrirais sans murmurer.... Mais, hélas ! mes enfans !.... Je ne puis me nommer leur mère sans rougir !.... C'en est fait, ils ne connaîtront jamais leur barbare père.... et moi.... je vivrai dans les regrets et la douleur. — Cruel Dorsainville, à quoi m'as-tu réduite ? funeste égarement ! tu m'as ravi le repos de mes jours, voilà ma punition. — O ciel ! tu vois mon repentir, pardonne-moi ma faiblesse, et fais sortir le remords de mon cœur.

SCÈNE VIII.

Mme DESBOIS, DOSSAINVILLE cadet, ROCHEMONT.

ROCHEMONT *d'un ton léger.*

Bon jour. Est-ce vous qu'on appelle madame Desbois ?

Mme DESBOIS.

Oui, Monsieur, c'est moi-même. Que souhaitez-vous?

ROCHEMONT.

Il fait un temps affreux, nous ne pouvons continuer notre route, et nous voudrions loger ici.

Mme DESBOIS.

Vous le pouvez.

ROCHEMONT *lui passant la main sous le menton.*

Vous êtes charmante!

Mme DESBOIS *se reculant, et le regardant avec un air à lui en imposer.*

Vous a-t-on fait voir vos chambres?

ROCHEMONT.

Oui, et nous venons vous témoigner notre mécontentement.

Mme DESBOIS.

Quelqu'un de céans vous aurait-il offensé? De qui vous plaignez-vous?

ROCHEMONT.

D'une vieille impertinente, à qui j'ai fait mille politesses, et qui m'a rembarré de la belle manière. Morbleu! cela me pique; elle est la première qui m'aie traité de la sorte.

Mme DESBOIS.

Monsieur, je connais mes gens; ils sont incapables de manquer à qui que ce soit.

ROCHEMONT.

En ce cas, la vieille a commencé par moi. Mais je m'en console en vous voyant : je suis sûr que vous connaissez le mérite, et que j'aurai tout lieu de me louer de vos procédés. (*Il veut l'embrasser.*) Vous êtes adorable!

Mme DESBOIS *le repoussant.*

Doucement, Monsieur. — Si vous récidiviez, vous pourriez peut-être aussi vous plaindre de moi. Soyez honnête, ou continuez votre route; cet hôtel ne pourrait vous convenir.

RICHEMONT.

Où diable aller? Au milieu de ce bois, cette maison est seule, et il n'y a pas de quoi choisir. Vous êtes fière.

DORSAINVILLE cadet.

Madame, ne l'écoutez pas. Nous resterons ici, si vous le trouvez bon, et je vous jure que vous n'aurez point à vous en repentir.

Mme DESBOIS.

Ce n'est qu'à cette condition que....

ROCHEMONT.

Enfin nous logerez-vous?

Mme DESBOIS.

Du mieux qu'il me sera possible, et je vais donner des ordres pour que vous soyez contens. (*Elle salue et dit en sortant :*) O mon dieu ! qu'un fat est ridicule ! (*Elle sort.*)

SCÈNE IX.

DORSAINVILLE cadet, ROCHEMONT.

DORSAINVILLE cadet.

Elle est aimable cette femme.

ROCHEMONT.

Un peu farouche, mais nous l'apprivoisons. Comment me trouves-tu sous mon nouveau costume? Il me va bien, n'est-ce pas? Morbleu ! il n'est point de plus bel habit que celui d'un officier !

DORSAINVILLE cadet.

C'est du moins le plus honorable. Il ne te manque qu'une chose.

ROCHEMONT.

Laquelle ?

DORSAINVILLE cadet.

C'est le droit de le porter. Clerc de procureur, tu t'es fait officier de ton autorité privée, et j'ai bien peur que ce déguisement ne tourne point à ton avantage.

ROCHEMONT.

Mon ami, point de morale, nous ne sommes plus au collége.

DORSAINVILLE cadet.

Tu sais que tu es obligé de sortir de France pour une cause assez grave, et ton père ne sera pas content de ton absence.

ROCHEMONT.

Oui, le papa sera fort en colère ! je lui ai fait un tour délicieux ! Cependant je suis poursuivi par les parens de cette demoiselle que j'ai enlevée, et cela va faire un bruit du diable.

DORSAINVILLE cadet.

Tu plaisantes, et tu as tout à craindre.

ROCHEMONT.

Non, rien du tout. Ce déguisement me rend méconnaissable : fils d'un procureur de Provence, on me prendrait pour le dieu Mars. Nous sommes ici sur la frontière du Piémont, et s'il le faut, dans un instant je serai en sûreté. Mais laissons cela, et parlons de tes affaires. Il fait un temps affreux, passons la journée dans cette auberge, l'hôtesse me plaît, je lui ferai ma cour. Demain, nous nous rendrons à ton château qui n'est qu'à trois lieues d'ici, et je t'aiderai à le bien vendre.

DORSAINVILLE cadet.

Cela ne sera pas facile ; il appartient à mon frère.

ROCHEMONT.

Oh ! parbleu, oui, ton frère ! tu nous la donnes belle ! Il est mort, mon ami, bien mort. Depuis quinze ans on n'a point reçu de ses nouvelles, et toi-même, ne le connais pas seulement.

DORSAINVILLE cadet.

Il est vrai. Je n'avais que dix ans lorsqu'il partit pour son régiment ; et depuis l'affaire qu'il eut, étant capitaine de dragons, on ne sait ce qu'il est devenu.

ROCHEMONT.

Il s'est battu, il a tué son adversaire, il ne peut plus revenir.

DORSAINVILLE cadet.

Je ne sais comment faire.

ROCHEMONT.

Il faut pourtant te décider. Tu ne peux retourner à ton corps ; tu me dois, tu dois à tout le monde ; tu as joué, tu as perdu, les dettes du jeu sont des dettes sacrées ; ou payer, ou déshonoré, il faut choisir.

DORSAINVILLE cadet.

Quelle extrémité ! faire une mauvaise action pour conserver l'honneur !

ROCHEMONT.

Allons, allons, du caractère : tu restes seul de ta famille, et personne ne te contrariera. Du courage, il faut faire sauter le château !

DORSAINVILLE cadet.

Et si mon frère revient, que lui dirai-je ? Ah ! je sens que je ne fais pas bien.

ROCHEMONT.

Ce château te pèse diablement sur le cœur. Morbleu ! je vendrais toutes les terres de l'univers sans pousser un soupir.

DORSAINVILLE cadet.

Quelqu'un vient, changeons de conversation.

SCENE X.

LES PRÉCÉDENS, BRILLANT.

BRILLANT *entre, saluant à plusieurs reprises.*

Ces Messieurs ont-ils vésoin dé mon pétit ministère ?

ROCHEMONT *le regardant d'un air dédaigneux.*

Oh ! mon dieu, non.

BRILLANT.

Pas tant dé dédain. Jé sais faire tout. Peigner, raser, friser à la nouvelle mode ; les pétits crochets, la racine droite, rien né m'emvarrasse ; et lé coup dé peigne prépondérant, lé coup dé ciseau, lé coup dé houpe, tac, tac, tac, vont chez moi comme la parole.

ROCHEMONT, *d'un ton ironique.*

Oh ! je le crois, cela doit être beau ! un barbier de village !

BRILLANT *piqué.*

Qu'appélez-vous un varvier dé billage ? Apprénez qué toutes les grandes villes rétentissent dé mon nom et dé mon savoir ! et pour vous lé prouver, prêtez-moi votre tête, et dans un quart-d'hure, vous né vous réconnaîtrez pas vous-même.

ROCHEMONT.

Vous êtes habile.

BRILLANT.

Ma rénommée justifie mon talent. Essayez-en, et en un tour dé main jé vous rends lé plus genti cadédis dé l'Europe.

ROCHEMONT, *d'un ton goguenard.*

Vous êtes Gascon ?

BRILLANT, *ôtant son chapeau à la militaire.*

Pour la vie et jé m'en fais gloire.

ROCHEMONT.

Il n'y a pas de quoi se vanter.

BRILLANT.

Né dites point dé mal des gens dé mon pays. L'esprit, la valur et les talens, voilà cé qui les distingue des autres peuples. (*En se détournant.*) Accroche.

ROCHEMONT *à Dorsainville.*

Ce drôle a une plaisante figure ! qu'en dis-tu ?

BRILLANT.

Vous mé trouvez drôle !

ROCHEMONT *en riant.*

Oui, vous êtes l'original le plus grotesque....

BRILLANT *toisant Rochemont.*

Tout grotesque qué jé suis, il est certaine créature qué jé né prendrais pas pour mé servir dé modèle.

ROCHEMONT *en colère.*

Tu me réponds, je crois ?

BRILLANT *sur le même ton.*

Vous mé railliez, jé pense ?

ROCHEMONT.

Ces gredins-là sont d'une impertinence....

BRILLANT.

Les plus impertinens sont ceux qui outragent sans raison. —Jé vénais vous offrir mes services, et jé vois qué vous né les méritez pas.

ROCHEMONT *allant à Brillant.*

Comment, insolent !...

BRILLANT *mettant son chapeau et allant à Rochemont, crie en lui parlant sous le nez.*

Croyez-vous mé faire pur ? — Ancien maréchal-des-logis, j'ai vu l'ennémi dans quatre vatailles sans réculer d'un pas. Jé né crains ni les hommes.... ni lé feu.... ni lé fer. Souvénez-vous-en, et contenez-vous, si vous aimez à vivre.

ROCHEMONT.

Ventrebleu ! je ne sais qui me tient, que....

DORSAINVILLE cadet *retenant Rochemont.*

Tu as tort. Pourquoi l'insulter ? (*A Brillant.*) Allez, allez ; nous n'avons besoin de rien.

BRILLANT *passant près de Rochemont en le toisant du haut en bas.*

Adiu, Moussu.... jé suis.. . votre servitur.... et lé varvier dé billage est tout prêt à vous rétaper quand vous lé voudrez.

ROCHEMONT *lui donnant un coup de poing dans la poitrine.*

Tiens, faquin ! voilà pour t'apprendre à parler.

BRILLANT *en recevant le coup, va se heurter contre la table et reste la main appuyée dessus.*

Eh donc !

ROCHEMONT.

Sortons. (*Ils sortent.*)

BRILLANT *se relevant avec fureur.*

Moussu !.... Moussu !... jé vous démande raison.

SCÈNE XI.

BRILLANT *seul et revenant sur l'avant-scène.*

Voila un coup dé poing qui lui coûtéra la vie ! — Si j'avais été armé, jé lui aurais fait voir cé qué c'est qué dé frapper un vrave comme moi. — Source dé la Garonne ! jé né souffrirai pas cet outrage sans en tirer vengeance. — C'est arrêté, il faut qué jé mé vatte. (*D'une voix claire.*) Il faut qué jé mé vatte. — (*D'un ton décidé.*) Allons, Vrillant, l'épée à la main, mon ami, l'épée à la main. — Jé vais lui prouver qué les Gascons ont du cur, et l'insolent va sentir la pésantur dé mon vras. (*Il sort avec précipitation et rencontre Marguerite.*)

SCÈNE XII.

BRILLANT, MARGUERITE.

MARGUERITE.

Ou courez-vous donc ?

BRILLANT *d'un air important.*

J'ai une affaire d'honnur.

MARGUERITE.

Vous badinez ?

BRILLANT.

Jé né vadine pas. Jé vais quérir mon arme.

MARGUERITE.

Avec qui donc avez-vous eu dispute ?

BRILLANT.

Avec l'un dé ces fréluquets qui sont arrivés cé matin. Sandis ! jé veux lé frotter d'importance.

MARGUERITE.

Que vous a-t-il fait ?

BRILLANT.

Il m'a insulté.... frappé ! Cet affront est grave, il faut qué jé punisse.

MARGUERITE.

Laissez ça là, et ne vous faites point une mauvaise affaire.

BRILLANT *d'un ton tragique.*

Jamais ! jé suis offensé, il mé faut une victime.

MARGUERITE.

Je vous ordonne de rester tranquille. Oubliez cela.

BRILLANT.

Jé né lé puis, il faut qué lé fat morde la poussière. L'honnur m'appelle, adieu. (*Il fait une fausse sortie.*)

MARGUERITE *voulant le retenir.*

Arrêtez !

BRILLANT.

Point dé délai ; et dans une demi-hure, jé suis défunt, ou vengé. (*Il sort.*)

SCÈNE XIII.

MARGUERITE, *seule.*

Quelle inquiétude ce garnement-là me donne ! Cependant il est brave, et cela me fait plaisir.

SCÈNE XIV.

Madame DESBOIS, ROCHEMONT, DORSAINVILLE cadet, MARGUERITE.

Mme DESBOIS, *à Rochemont.*

Eh ! Monsieur, vous vous plaignez toujours. Je connais Brillant, c'est un honnête garçon, et sûrement il ne vous aurait pas manqué, si vous ne lui aviez rien fait.

ROCHEMONT.

Comment ! un insolent qui m'a provoqué ?

MARGUERITE, *vivement.*

Ne l'écoutez pas, Madame, c'est lui qui. . . .

Mme DESBOIS, *sèchement.*

Allez à votre ouvrage, Marguerite : je sais ce que j'ai à faire. Je croyais trouver Brillant ici, il n'y est pas, je m'expliquerai avec lui.

MARGUERITE, *sur le bord du théâtre.*

Oh ! que je serais contente, si Brillant pouvait l'étriller comme il faut !

ROCHEMONT, *à Marguerite.*

Que dit cette vieille ?

MARGUERITE *fait une petite révérence, et dit d'un ton ironique :*

Votre servante, Monsieur. (*Elle sort.*)

SCÈNE XV.

Madame DESBOIS, ROCHEMONT, DORSAINVILLE cadet.

Mme DESBOIS *s'approche de la table, ouvre le livre, et présente la plume à Rochemont.*

Veuillez avoir la complaisance de mettre vos noms sur mon livre.

ROCHEMONT.

Volontiers. (*Il signe.*)

Mme DESBOIS, *à Dorsainville.*

A vous , Monsieur.

DORSAINVILLE cadet , *prenant la plume que lui présente Mme Desbois.*

Donnez. (*Il écrit.*)

Mme DESBOIS, *lisant les signatures.*

Me trompé-je ? . . . Dorsainville ! . . . Nom cher et fatal !

DORSAINVILLE cadet.

Vous semblez surprise en lisant ma signature ?

Mme DESBOIS, *troublée.*

J'en conviens.

DORSAINVILLE cadet.

La raison ?

Mme DESBOIS.

Vous êtes un Dorsainville ?

DORSAINVILLE cadet.

Vous l'avez dit.

Mme DESBOIS.

Je vous ai connu bien jeune. — Vous avez une terre à quelques lieues d'ici ?

DORSAINVILLE cadet.

Oui , Madame.

Mme DESBOIS.

Vos parens vivent-ils encore ?

DORSAINVILLE cadet.

Ils sont tous morts.

Mme DESBOIS, *à part.*

Qu'entends-je ! (*Haut.*) Vous aviez un frère beaucoup plus âgé que vous ?

DORSAINVILLE cadet.

L'avez-vous connu ?

Mme D E S B O I S.

Nous fûmes élevés ensemble, et nous reçûmes la même éducation.

DORSAINVILLE cadet, *la regardant fixement et cherchant à la reconnaître.*

Ah! ah!... oui, je me rappelle d'une jeune personne qui...

Mme D E S B O I S, *l'interrompant.*

Qu'est-il devenu, monsieur votre frère ?

D O R S A I N V I L L E cadet.

On ne sait.

Mme D E S B O I S.

Est-il marié ?

D O R S A I N V I L L E cadet.

Je ne le crois pas.

Mme D E S B O I S, *vivement et avec joie.*

Il n'est pas marié !

D O R S A I N V I L L E cadet, *la regardant.*

Qu'est-ce que cela vous fait ?

Mme D E S B O I S, *se remettant.*

Rien. . . ô mon dieu ! rien.

D O R S A I N V I L L E cadet.

Pourquoi me le demandiez-vous?

Mme D E S B O I S.

Par un simple mouvement de curiosité ; voilà tout. (*Elle reste plongée dans la rêverie.*)

D O R S A I N V I L L E cadet.

Mon frère a fait beaucoup de folies dans sa jeunesse. Depuis son départ il n'a jamais écrit, et nous croyons qu'il n'existe plus. — Mais laissons cela. Je vous prie de nous faire servir à midi. . . sans retard. (*Mme Desbois reste toujours dans sa rêverie. Dorsainville cadet voyant qu'elle ne l'écoute pas, lui touche le bras, et la fait retourner un peu.*) Entendez-vous, Madame?

Mme D E S B O I S, *un peu troublée.*

J'entends, Monsieur ; vous serez obéi. (*Elle reste encore à songer un moment.*)

DORSAINVILLE cadet *remonte le théâtre, et dit à Rochemont : .*

Je crois que cette femme est celle qui fut aimée de mon frère ? Viens, je te conterai cela.

(*Ils sortent en se parlant tout bas, et en se retournant à plusieurs reprises.*

SCÈNE XVI.

M.me DESBOIS *seule. Elle sort de sa rêverie et dit avec force :*

JE ne saurai donc jamais rien sur son sort ! — Dorsainville, amant perfide, tu m'as ravi le repos de mes jours, et tu ne mérites ni mes regrets, ni mes pleurs. — L'inhumain ! rien ne fut sacré pour lui ; en abandonnant son amante et ses enfans, il ne leur laissa que l'opprobre et la misère. — Depuis long-temps je cache ici ma honte sous un nom supposé; seule dans l'univers, j'ai tout entrepris pour élever mon fils et ma fille... O malheureuses créatures ! votre père nous a trahis, délaissés; mais je vous reste, et je ferai tout pour vous. Si vous avez à vous plaindre de votre naissance, vous me saurez gré de ma tendresse et de mes soins : je vous ai donné l'existence, je vous dois le bonheur; il est assuré, voilà ma consolation. Eh ! puissé-je, en remplissant les devoirs de mère, faire oublier les torts de l'amour.

Fin du premier Acte.

ACTE II.

SCÈNE PREMIÈRE.

AUGUSTIN, CHARLOTTE.

CHARLOTTE.

Augustin, as-tu vu maman ?

AUGUSTIN.

Mon dieu, non, pas encore.

CHARLOTTE.

Elle sera peut-être fâchée ?

AUGUSTIN.

L'as-tu vue, toi ?

CHARLOTTE.

Oui, j'ai eu le plaisir de lui souhaiter le bon jour et de l'embrasser.

AUGUSTIN.

Quand elle sera visible, j'irai lui sauter au cou, je lui dirai le motif qui m'a empêché de la voir plus tôt, et je suis sûr qu'elle me pardonnera.

CHARLOTTE.

Sais-tu la leçon qu'elle t'a dit d'apprendre ?

AUGUSTIN.

Assurément, pour lui plaire, j'étudie toute la journée. Si elle est bonne mère, je veux être bon fils.

CHARLOTTE.

Je veux étudier aussi et devenir savante, pour prouver à maman que je l'aime autant que toi. La voici ; Augustin, va vite au devant d'elle.

SCÈNE II.

LES PRÉCÉDENS, Mme DESBOIS.

AUGUSTIN *allant à sa mère et l'embrassant.*

MAMAN, recevez mon bon jour et mes excuses. J'aurais dû vous prévenir, mais ce n'est pas ma faute.

Mme DESBOIS.

Mes enfans, je suis bien aise de vous voir. Augustin, avez-vous étudié ?

AUGUSTIN.

Oui, maman ; et je sais par cœur ce beau chapitre des devoirs de l'homme envers ses semblables.

Mme DESBOIS.

Voilà ce que je vous recommande de ne point oublier.

AUGUSTIN.

Eh ! comment l'oublier ? Tous les jours nous vous voyons faire ce que nous lisons dans ce livre admirable. Il m'a tellement persuadé que la bienfaisance est un plaisir, que ce matin j'ai donné tout mon argent aux pauvres voyageurs à qui vous aviez accordé l'hospitalité.

Mme DESBOIS *avec sentiment.*

Mon fils, vous avez bien fait ! L'argent le mieux employé, est celui qui sert à soulager les infortunés. Et toi, Charlotte ?

CHARLOTTE.

J'étudie aussi ; mais je crois que tous les livres du monde ne valent pas mieux que le bon exemple que notre chère maman nous donne. — Nous tâcherons de vous ressembler.

Mme DESBOIS *douloureusement.*

Non... faites mieux que moi ! — Vous savez que je ne suis pas très-fortunée ; acquérez des talens, afin qu'un jour nous ne sentions pas le besoin.

AUGUSTIN *vivement et avec ame.*

Quand je serai grand, vous ne pourrez le sentir ! je travaillerai, et tout ce que je gagnerai sera pour vous. Je voudrais que tous les enfans fussent obligés à leur tour de nourrir leurs père et mère.

Mme DESBOIS.

Pourquoi les y contraindre ? mon fils, cette loi doit être écrite dans le cœur de tous les enfans bien nés.

CHARLOTTE *vivement.*

Maman a raison. Ce qui serait une obligation, ne serait plus un plaisir. Il faut que tout parte.... de là. (*Elle met la main sur son cœur.*)

AUGUSTIN.

Maman, si nous pouvions voir notre papa, rien ne manquerait à notre félicité.

Mme DESBOIS *sombrement.*

Perdez cette espérance.

AUGUSTIN.

Y a-t-il long-temps que vous ne l'avez vu ?

Mme DESBOIS *soupirant.*

Oh ! ... très-long-temps !

CHARLOTTE.

Votre séparation sera-t-elle longue ?

Mme DESBOIS.

Eternelle !

AUGUSTIN *avec beaucoup d'intérêt.*

Maman, contez-nous donc vos malheurs.

Mme DESBOIS.

Que vous dirai-je ? — Tenez, j'ai trouvé des couplets qui vous traceront l'image de ma situation passée. J'ai changé quelques mots, mais vous y verrez mes peines et mes sentimens pour vous. (*Augustin va chercher un fauteuil, et Mme Desbois s'assied.*) Ecoutez.

ROMANCE.

Fallait-il devenir mère,
Pour vivre dans la douleur ?
Délaissés par votre père,
Il a fait notre malheur.
Gages de mon imprudence,
Malheureux fruits de l'amour !
Pour pleurer votre naissance,
Vos yeux ont reçu le jour,

Jamais le doux nom de mère,
Ne pourra charmer mon cœur.
De l'honneur la loi sévère
Proscrit ce nom si flatteur.
Heureuse, dans ma misère !
Si pour prix de mon amour,
Vous ne méprisez la mère,
Qui vous a donné le jour !

De l'ingrat qui m'a séduite,
Mon fils m'offre tous les traits.
L'état où je fus réduite,
Est le fruit de ses forfaits.
J'oublirai mon infidelle,
Pour vous conserver le jour ;
La tendresse maternelle
Est préférable à l'amour.

(Elle les presse contre son sein et les embrasse, ensuite elle se lève. Charlotte retire le fauteuil.

AUGUSTIN.

Cette romance a fait couler nos pleurs. (*Avec le plus grand intérêt.*) Vous êtes donc la mère malheureuse, et nous les enfans infortunés ?

Mme DESBOIS.

Je ne puis plus vous le cacher.

CHARLOTTE.

Maman, nous connaît-il notre papa ?

Mme DESBOIS *avec sensibilité.*

Dans votre berceau quelquefois il vous arrosa de ses larmes.

AUGUSTIN.

Pourquoi n'a-t-il pas fait comme vous ? Pourquoi ne nous a-t-il pas gardés ?

Mme DESBOIS.

Il vous a abandonnés.

CHARLOTTE.

Pourquoi a-t-il fui ses chers petits enfans qui l'auraient adoré ?

Mme DESBOIS.

Je n'avais pas de fortune.

AUGUSTIN.

Et lui, en avait-il ?

Mme DESBOIS.

Il était dans l'opulence, et nous plongea dans la détresse.

AUGUSTIN *confus et attendri, et lentement.*

Maman, reviendra-t-il notre papa ?

Mme DESBOIS *d'un ton concentré.*

Non.

CHARLOTTE.

Nous ne le verrons donc pas ?

Mme DESBOIS.

Non.

CHARLOTTE.

Jamais ?

Mme DESBOIS *en pleurant.*

Non.... jamais !

AUGUSTIN *prenant la main de sa mère.*

Maman, vous pleurez ?

Mme DESBOIS.

Mes enfans.... embrassez-moi !... je vous laisse.... Souvenez-vous que votre mère vous aime.... et je serai trop heureuse, si vous ne me haïssez pas.

(Les enfans la reconduisent en lui baisant les mains, jusqu'à la porte du fond. Elle s'arête, les regarde, les embrasse, pose son mouchoir sur ses yeux et sort.)

SCÈNE III.

AUGUSTIN, CHARLOTTE. *Ils descendent lentement.*

CHARLOTTE *en pleurant.*

Maman pleure.... et moi.... ah ! *(Elle tire son mouchoir pour essuyer ses larmes.)*

AUGUSTIN.

C'est parce que nous lui avons parlé de papa.

CHARLOTTE *en sanglottant.*

Il est bien dur de ne pouvoir parler de son père sans affliger sa maman.

AUGUSTIN.

Voilà Marguerite.

SCÈNE IV.

LES PRÉCÉDENS, MARGUERITE.

CHARLOTTE *allant à Marguerite.*

Marguerite, bon jour.

MARGUERITE.

Bon jour, mes petits enfans. Déja réveillés ?

AUGUSTIN.

Sans doute, il est tard.

MARGUERITE.

Mais non, pas trop. Avez-vous vu votre mère ?

CHARLOTTE.

Elle nous quitte à l'instant.

MARGUERITE.

Je m'en doutais.... et puis des larmes, c'est l'ordinaire. La singulière femme ! (*On frappe à la porte qui est à la gauche de l'acteur.*) Qui diantre frappe ainsi ?... Encore ?... Allons ouvrir. (*Elle va ouvrir la porte.*)

SCÈNE V.

LES PRÉCÉDENS, LE CAPUCIN.

MARGUERITE *surprise, recule un pas et reste en attitude.*

Ah !

LES DEUX ENFANS.

C'est un moine !

LE CAPUCIN.

Dieu vous ait en sa sainte garde.

MARGUERITE *brusquement.*

Comment diable ! c'est vous qui vous annoncez de la sorte ? Mais c'est frapper en maître. Que voulez-vous ?

C

LE CAPUCIN.

Excédé de lassitude, ayant marché toute la nuit, surpris par le tonnerre, le vent, la grêle et la pluie, je voudrais passer ici le reste de la journée.

MARGUERITE.

Vous ?... oh ! n'y comptez pas.

LE CAPUCIN.

Ayez la charité de me recevoir, vous ferez une bonne œuvre, et le ciel vous récompensera.

MARGUERITE.

Si je comptais là-dessus, je crois que je ne ferais pas fortune de long-temps.

LE CAPUCIN.

Peut-être ! un bienfait n'est jamais perdu : on donne aujourd'hui, et l'on reçoit demain ; c'est ainsi que dans le monde on s'acquitte et s'oblige.

MARGUERITE

Nous ne pouvons vous recevoir.

LE CAPUCIN.

Je vous en supplie.

MARGUERITE.

C'est impossible ; la diligence arrive ce soir et nos chambres seront remplies.

LE CAPUCIN.

Eh bien ! un grenier, un coin, un peu de paille et ce sera assez pour moi.

MARGUERITE.

Cela ne se peut.... Qu'il a mauvaise mine ! et d'où sortez-vous donc ? de l'enfer.

LE CAPUCIN.

Je reviens d'Italie ; mais après ce qu'on m'y a fait souffrir, je crois qu'il ne m'effraierait pas.

MARGUERITE *voulant le faire sortir.*

Allons, allons, dénichez, dénichez, vous ne pouvez rester ici.

CHARLOTTE *à Augustin.*

Qu'elle est dure !

LE CAPUCIN.

Voyez mon triste état et laissez-vous toucher.

MARGUERITE.

Rien, rien, en route.

LE CAPUCIN *indigné.*

Vous êtes bien inhumaine ! Je fuis des barbares, mais je vois que vous l'êtes plus qu'eux.

AUGUSTIN *à part.*

Il a raison. Attrappe.

CHARLOTTE.

Mon frère, il me fait de la peine, empêche-le de s'en aller.

AUGUSTIN *à Marguerite.*

Marguerite, pourquoi renvoyer ce pauvre homme? Vous savez que l'intention de maman est que l'on fasse politesse à tous les étrangers; et si elle savait que vous maltraitez celui-ci, je suis persuadé qu'elle vous gronderait.

MARGUERITE *d'un ton goguenard.*

Vous croyez ?

AUGUSTIN.

C'est certain. (*Allant au Capucin avec Charlotte.*) Restez, homme malheureux, restez. Si elle n'a pas le temps de vous servir, nous vous servirons, et nous ferons de notre mieux pour que vous soyez content.

LE CAPUCIN.

Les adorables enfans !

MARGUERITE *en colère.*

Mais voyez ce marmot !... est-ce à vous de me faire passer pour ridicule ?

AUGUSTIN *sèchement en se retournant vers Marguerite.*

Mais c'est que vous l'êtes ! — Oui, nous lui ferons du bien malgré vous. Maman nous a appris à respecter et chérir tous les malheureux. — Tant pis pour vous si vous ne pensez pas comme elle.

LE CAPUCIN.

Il me charme !

MARGUERITE.

De quoi vous mêlez-vous, Monsieur le raisonneur?

AUGUSTIN.

Je me mêle.... de ce dont vous ne devriez pas vous mêler.

MARGUERITE.

Mais ce morveux, comme il me répond ! si votre maman savait cela ?

AUGUSTIN.

Allez lui dire, si vous l'osez. Oh ! nous ne vous craignons pas.

MARGUERITE *hors d'elle-même.*

Je m'en vais.... car la patience m'échappe.... cela parle déja en maître. (*Au Capucin.*) Vous restez donc, vous ?

LE CAPUCIN.

Oui.

MARGUERITE.

Oh ! nous verrons.... nous verrons. (*A Augustin en s'en allant.*) Adieu, petit obstiné. (*Elle sort.*)

AUGUSTIN.

Adieu. (*A part.*) Vieille méchante.

SCÈNE VI.

AUGUSTIN, CHARLOTTE, LE CAPUCIN.

CHARLOTTE *au Capucin.*

Excusez ce que cette femme vous a dit ; elle est vive, mais elle a le cœur bon. Restez et reposez-vous. (*Les enfans prennent le Capucin par la main, lui font traverser le théâtre, et le conduisent à un fauteuil qui est à la droite de l'avant-scène.*)

LE CAPUCIN.

Volontiers.

AUGUSTIN.

Asseyez-vous. (*Le Capucin s'assied.*)

CHARLOTTE.

Donnez-moi votre bâton. (*Elle prend le bâton et va le poser contreune coulisse.*)

AUGUSTIN.

Voulez-vous prendre quelque chose ?

LE CAPUCIN.

Un verre de vin , s'il est possible.

AUGUSTIN.

Très-possible, et je vais vous en chercher. (*Il sort en courant.*)

LE CAPUCIN *à Augustin.*

Que vous êtes aimable !

CHARLOTTE.

Vous paraissez fatigué. Allez-vous loin ?

LE CAPUCIN.

Non. Je suis de quelques lieues d'ici, et je me rends à la maison paternelle.... où je ne trouverai plus de parens.

AUGUSTIN *rentre en tenant d'une main une assiette avec un verre dessus, et de l'autre une demi-bouteille de vin.*

Tenez, rafraîchissez-vous. (*Il verse et le Capucin boit.*) Voulez-vous recommencer ?

LE CAPUCIN *remettant le verre sur l'assiette.*

C'est assez.

AUGUSTIN *gaîment.*

Il ne tient qu'à vous.

LE CAPUCIN.

Je vous remercie. (*Augustin pose ce qu'il tient sur la table et revient.*)

CHARLOTTE.

Il ne faut pas faire attention à ce que vous a dit Marguerite, elle n'est pas la maîtresse : quand vous aurez vu maman, vous serez bien dédommagé, car elle est aussi honnête que cette fille est brusque et impolie.

LE CAPUCIN.

Vous faites son éloge. En jugeant d'elle par vous, on doit la croire une femme parfaite.

AUGUSTIN *vivement.*

Tout le monde le dit.

LE CAPUCIN.

Votre père est-il de même ? (*Les enfans baissent la tête d'un air affligé.*) Vous ne répondez point? (*Silence des enfans.*) Comment s'appelle votre père ?

AUGUSTIN *soupirant.*

Hélas !

LE CAPUCIN.

Vous soupirez ?... Serait-il mort?

AUGUSTIN *tristement.*

Nous l'ignorons.

LE CAPUCIN *à Charlotte.*

Il n'est donc pas ici ?

CHARLOTTE.

Non.

LE CAPUCIN.

Il reviendra sûrement ?

CHARLOTTE.

Nous ne l'espérons plus.

LE CAPUCIN.

Je ne vous comprends pas.

CHARLOTTE *en pleurant.*

Nous sommes bien malheureux !

LE CAPUCIN.

Ne pleurez pas.... répondez.... votre père ; comment s'appelle-t-il ?

AUGUSTIN *vivement.*

Maman se nomme Julie Desbois.

LE CAPUCIN *surpris.*

Julie ! — C'est le nom de votre père que je vous demande.

AUGUSTIN *d'un ton triste et lent.*

Maman ne nous l'a point dit, et nous ne l'avons jamais connu.

LE CAPUCIN.

Expliquez-vous.

AUGUSTIN *avec sensibilité, mais sans crier.*

Nous sommes des enfans abandonnés !

LE CAPUCIN *emporté malgré lui.*

O ciel ! . . . Ce mauvais père mériterait la mort. — Et vous ne le connaissez point ?

CHARLOTTE.

Mon frère se trompe. Maman tous les jours nous montre son portrait ; nous le baisons avec tendresse, elle pleure en le regardant, et nous mêlons nos larmes aux siennes. Elle nous ordonne de prier Dieu pour lui, quoiqu'elle dise qu'il lui a fait bien du mal.

LE CAPUCIN.

Et qu'était votre père?

AUGUSTIN.

Un officier, beau comme le jour!

LE CAPUCIN *étonné.*

Un officier?

CHARLOTTE.

Oui, tenez, regardez mon frère, il lui ressemble, trait pour trait.

LE CAPUCIN *prenant Augustin par la main,*
et le considérant avec attention.

Qui. . . . cet enfant? . . . je crois voir. . . . .

CHARLOTTE.

Il est joli, mon frère! — Et maman lui dit souvent . . . . . :
« Tu as la beauté de ton père; veuille le ciel que tu n'en
» aies jamais le cœur! »

LE CAPUCIN.

Il était donc bien méchant?

CHARLOTTE.

Oh!... bien méchant, puisqu'il a fait le malheur de maman
qui est la meilleure des femmes.

AUGUSTIN.

Si vous vouliez voir son portrait, il est dans la chambre de
maman, et j'irais vous le chercher.

LE CAPUCIN.

Vous me ferez plaisir.

AUGUSTIN.

J'y cours. (*Il sort.*)

CHARLOTTE.

Mon frère est indiscret, et maman le grondera, peut-être?
Il ne faut pas lui dire.

LE CAPUCIN.

Ne craignez rien.

AUGUSTIN *revenant avec un médaillon.*

Tenez, le voici. — Est-il vrai que cela me ressemble?

LE CAPUCIN.

Donnez. (*Il prend le portrait, se lève pour le regarder,*

s'avance deux pas en avant; les enfans restent auprès du fauteuil : après avoir regardé, il témoigne la plus grande surprise et s'écrie...) Grand dieu !.... que vois-je ? (*plus bas.*) c'est moi !.... et voilà mes victimes ! (*Il retombe dans le fauteuil.*)

CHARLOTTE *effrayée.*

O ciel ! il se trouve mal !

AUGUSTIN.

Il faut le secourir.

CHARLOTTE.

Il pleure ! . . . Ah ! revenez à vous, ne vous affligez pas.

LE CAPUCIN *leur prend la main et ait en pleurant :*
Mes enfans !.... mes enfans !....

CHARLOTTE.

Il nous appelle ses enfans ! Ah ! que je l'aime !

LE CAPUCIN *sanglottant.*

Venez dans mes bras ! (*Les enfans se jettent dans ses bras.*)

AUGUSTIN.

Que mon cœur est ému !

LE CAPUCIN.

Et le mien est déchiré !

CHARLOTTE *avec tendresse.*
Vous êtes donc malheureux ?

LE CAPUCIN.

Je le fus. (*Il regarde les enfans.*) Mais à présent je suis bien heureux ! (*Il les presse contre son sein, et reste dans cette attitude un moment.*)

AUGUSTIN.

D'où vient votre chagrin en voyant notre papa ?

LE CAPUCIN *se levant avec fureur et marchant à grands pas.*

Ce fut un monstre !

CHARLOTTE *le suivant avec Augustin.*
Lui ?

LE CAPUCIN.

Un barbare !

AUGUSTIN.

Quelle colère ! . . . .

LE CAPUCIN *hors de lui et se mettant au milieu des enfans.*

L'inhumain ! Il n'avait donc pas d'entrailles ? Je ne puis concevoir comment il a pu vous délaisser ! Dans le fond des forêts, les animaux féroces et l'oiseau timide nourrissent leurs enfans, les soignent, ne les abandonnent point. . . . . et votre père dénaturé vous a donné l'existence et le malheur.

CHARLOTTE *avec effroi.*

Vous me faites fremir !

LE CAPUCIN *revenant à lui.*

Rassurez-vous, vous le rendrez à la vertu.

AUGUSTIN.

Si nous pouvions le voir, nos peines seraient finies.

LE CAPUCIN.

Je vous prédis que vous le verrez. S'il n'avait l'espoir de vous faire autant de bien qu'il vous a fait de mal, aujourd'hui même il descendrait au tombeau.

CHARLOTTE.

Que dites-vous, bon père ?

LE CAPUCIN *avec douleur.*

Je ne mérite pas ce nom !

M.me DESBOIS *appelant dans la coulisse.*

Augustin !

LE CAPUCIN.

Qu'entends-je ?

CHARLOTTE *vivement.*

Voilà maman ! (*Elle prend le médaillon des mains du Capucin et le donne à son frère.*) Cache le portrait. (*Au Capucin.*) Et vous, ne dites rien.

SCÈNE VII.

LES PRÉCÉDENS, M.me DESBOIS.

M.me DESBOIS *entrant vivement et appelant.*

AUGUSTIN ! ah ! (*Elle reste surprise en voyant le Capucin.*)

LE CAPUCIN *la reconnaît, retombe sur le fauteuil et met son capuchon sur la tête.*

Dieu ! c'est elle ! que vais-je devenir ?

Mme DESBOIS.

Un moine !... et d'où vient-il ?

AUGUSTIN *allant à sa mère qui est restée dans le fond du théâtre.*

D'Italie ; et il est extrêmement fatigué.

Mme DESBOIS.

Il faut lui donner des secours.

CHARLOTTE *auprès du Capucin et lui tenant la main.*

Maman, venez donc, le bon homme se trouve mal.

Mme DESBOIS *au Capucin.*

Reprenez vos sens, on va vous donner ce qui vous est nécessaire.

LE CAPUCIN *revient à lui, et pousse un profond soupir.*

Ah !

Mme DESBOIS *avec intérêt.*

Que peut-on vous offrir ?

(*Le Capucin fait signe qu'il ne veut rien.*)

Mme DESBOIS.

Il ne veut rien. — Où donc est votre mal ?

(*Le Capucin porte la main sur le cœur.*)

Mme DESBOIS.

Dans le cœur ?... Je vous plains.

LE CAPUCIN *avec une voix faible.*

Vous me plaignez ?... Hélas !

Mme DESBOIS.

Comment vous trouvez-vous ?

LE CAPUCIN.

Le venin qui me dévore est là. (*Il met la main sur sa poitrine.*) Mais je connais le remède, je l'ai trouvé, et je serai bientôt délivré du fardeau qui m'oppresse.

Mme D E S B O I S.

D'où vient donc cet évanouissement ?

LE CAPUCIN.

La cause en est grande , et vous la concevrez facilement....
c'est ! . . . la fatigue.

Mme D E S B O I S.

Je le conçois , c'est le cœur qui vous a manqué.

LE CAPUCIN *avec énergie.*

Non..... Je n'en eus jamais tant qu'aujourd'hui. — Mais
les persécutions.... une longue route à pied.... ne me refusez
pas votre pitié.... j'en ai grand besoin.

Mme D E S B O I S *avec bonté.*

Soyez sans inquiétude. Ici , vous serez servi avec zèle , et
sans intérêt. Je suis peu riche , mais j'aime à faire du bien ,
c'est ma seule dépense et mes vrais plaisirs.

LE CAPUCIN.

Quelle générosité !

Mme D E S B O I S.

D'où venez-vous ?

LE CAPUCIN.

De Gênes , où j'ai souffert des tourmens inouïs. — Ah ! si
je pouvais vous conter mes peines !.... mais je craindrais de
vous affliger.

Mme D E S B O I S.

' N'importe , confiez-moi tout , et si je puis vous être utile ,
comptez sur mes secours et ma discrétion. — Augustin , allez
étudier avec votre sœur ; je vous reverrai tantôt.

A U G U S T I N.

Oui , maman. (*Au Capucin.*) Adieu mon père.

LE CAPUCIN *lui prenant la main.*

Adieu mon fils.

CHARLOTTE *au Capucin.*

Voulez-vous nous embrasser ?

LE CAPUCIN *avec transport.*

Si je le veux ? (*se retenant.*) avec plaisir. (*Il embrasse
Augustin le premier.*)

CHARLOTTE *avant de l'embrasser lui dit tout bas*
à l'oreille.

Ne parlez pas du portrait.

LE CAPUCIN, *bas à Charlotte.*

Soyez tranquille, votre secret est le mien. (*Il l'embrasse.*)

LES DEUX ENFANS *au Capucin.*

Adieu.

LE CAPUCIN *avec une tendre émotion.*

Adieu.... adieu, mes chers enfans. (*Il tire son mouchoir et
s'essuie les yeux.*)

(*Les enfans regardent tendrement leur mère et sortent.*)

SCÈNE VIII.

LE CAPUCIN, M.me DESBOIS.

M.me DESBOIS.

Vous les aimez ?

LE CAPUCIN *avec une profonde sensibilité.*

Au-delà de toute expression !

M.me DESBOIS.

Vous êtes attendri ?

LE CAPUCIN.

Je ne le nie point. Leur amitié.... leurs caresses.... tout
cela s'est fait sentir jusque dans mon cœur. — Ils sont bien
intéressans !

M.me DESBOIS.

Ils sont toute ma consolation.

LE CAPUCIN.

Il faut espérer qu'ils seront aussi celle de leur père.

M.me DESBOIS.

De leur père !... hélas !... revenons à ce qui vous regarde.
Que vous est-il donc arrivé ? Pourquoi avez-vous quitté votre
couvent ?

LE CAPUCIN.

Pour me soustraire au supplice d'une longue captivité, et
sortir d'un état pour lequel je n'avais aucune vocation.

Mme D E S B O I S.

Pourquoi donc vous êtes-vous fait moine ?

LE CAPUCIN *sombrement.*

Pour me cacher au monde.

Mme D E S B O I S.

Qu'aviez-vous donc fait ?

L E C A P U C I N.

A dix-huit ans j'entrai au service, et dans une affaire d'honneur, où j'avais tort, j'eus le malheur de tuer mon meilleur ami.

Mme D E S B O I S.

Préjugé cruel !

L E C A P U C I N *rapidement.*

Poursuivi par une famille puissante, je m'embarquai pour l'Italie, et pour me mettre à l'abri des recherches, j'entrai dans le monastère dont je porte l'habit. On m'envoya ma grace au moment où j'allais prononcer mes vœux ; je refusai, on me dénonça au saint-office, et je fus plongé dans les gouffres de l'Inquisition.

Mme D E S B O I S *vivement.*

Mais comment sortîtes-vous de cette horrible prison ?

L E C A P U C I N *avec la plus grande chaleur.*

Par un prodige ! — Un dominicain avec qui j'avais été lié par l'estime et l'amitié, fut élevé au grade d'inquisiteur. Il se ressouvint que depuis dix ans j'étais dans les fers, et ne tarda point à les briser. La nuit, j'entends ouvrir la porte de mon cachot..... je croyais qu'on m'apportait la mort. Quelle fut ma surprise ! je reconnais mon ami. Il se jette dans mes bras, rompt mes chaînes, me donne une bourse pleine d'or, des armes, mes papiers, me conduit hors de l'enceinte infernale, m'embrasse, et s'enfuit. — Je pars ! — Craignant de retomber dans l'esclavage, je gagne le bord de la mer, je me réfugie dans les antres sauvages, je gravis les rochers, je brave la fatigue et la faim, bien résolu de m'engloutir dans les précipices, plutôt que de rentrer dans ce repaire de douleurs, où des monstres inhumains, oubliant les vrais principes d'une religion pure et consolante, établirent un tribunal de sang pour persécuter l'innocence, au nom d'un Dieu juste et bienfaisant.

Mme D E S B O I S.

Combien vous avez souffert ! Et où allez-vous maintenant ?

LE CAPUCIN.

Je vais au château de monsieur Dorsainville aîné : il fut autrefois mon ami de collège et mon compagnon d'armes. . . . Il ne me refusera pas ses secours.

Mme DESBOIS *vivement.*

Dorsainville, dites-vous ? Quoi ! vous l'avez connu ?

LE CAPUCIN.

Beaucoup, Madame, il n'eut jamais de meilleur ami que moi.

Mme DESBOIS *avec véhémence.*

Eh ! quels secours pouvez-vous attendre de lui ? C'est le plus cruel de tous les hommes ! Amant barbare, père sans tendresse. . . . il n'est pas capable de faire des heureux.

LE CAPUCIN.

Pourquoi non ? Je ne le crois pas aussi méchant que vous me le dépeignez.

Mme DESBOIS *avec force.*

Vous ne le croyez pas ? (*En pleurant.*) Ah ! si vous saviez...

LE CAPUCIN.

Vous versez des larmes ?

Mme DESBOIS.

Hélas ! elles ne tariront jamais ! et l'ingrat est la cause de mon malheur.

LE CAPUCIN.

Quoi ! seriez-vous cette Julie. . . .

Mme DESBOIS *avec un cri de surprise.*

Qu'entends-je ! Il vous aura confié. . . .

LE CAPUCIN.

Tous ses secrets m'étaient connus.

Mme DESBOIS *avec explosion.*

Eh bien ! connaissez cette infortunée. Cette Julie qu'il a perdue, abandonnée. . . . c'est moi. Ces enfans que vous venez de voir, sont les siens. A présent défendez-le, si vous l'osez. Sans pitié, sans ame, sans honneur, il a sacrifié l'innocence et la vertu : mauvais père, il a délaissé sa famille, et vous avez vu les victimes de son ingratitude et de sa barbarie.

LE CAPUCIN.

Vous me faites frémir ! Pourquoi vous trouvez-vous dans cet état ?

Mme DESBOIS.

J'avais des enfans, il fallait les élever; j'étais tout pour eux ! rejetée de tout le monde, il fallait faire quelque chose pour exister.

LE CAPUCIN.

Le père de Dorsainville aurait dû vous soutenir, vous protéger.

Mme DESBOIS.

Le fils me perdit, et le père me méprisa.

LE CAPUCIN.

N'aviez-vous pas des amis ?

Mme DESBOIS.

Trouve-ton des amis quand on est dans la misère ?

LE CAPUCIN.

Je suis indigné ! et le père de Dorsainville fut bien dur envers vous.

Mme DESBOIS.

Je perdis son estime, il me refusa ses bienfaits.

LE CAPUCIN.

Il vous les devait ; et comment put-il découvrir ?...

Mme DESBOIS.

Lorsque son fils m'abandonna, il me laissa sans ressources. Depuis son départ, la pension des chers objets de notre amour, n'était plus payée : la fermière qui les nourrissait se lassa ; elle vint chez mes protecteurs dévoiler le mystère, et je fus chassée par l'orgueilleux père de mon amant.

LE CAPUCIN.

O ciel !....

Mme DESBOIS.

Dans cette crise orageuse, je conservai ma raison. Le danger de ces innocens, qu'on menaçaient déja de mettre dans une maison de charité, me fit frémir ! Révoltée par cet odieux projet, j'offre de payer ce qui est dû. Je sors ; et dans le même instant, linge, habits, bijoux furent vendus. Je vole au hameau, je donne ce que j'ai, j'emporte mes enfans, et je marche avec courage, courbée sous ce précieux fardeau ! — Mais où aller !... sans asyle, sans état, sans pain, pour moi ni pour les miens.... Au milieu des champs, que faire ? où loger ? — Agitée par le désespoir, une rivière allait devenir mon tombeau ! Décidée, je dépose mes enfans sur le rivage, je les recommande au ciel, je les embrasse ; et après leur avoir dit

un éternel adieu.... je cours ... je m'élance.... ils pleurent,
je m'arrête. Leur cri frappe mon oreille ; je les regarde, ils me
sourient, la nature parle, et je ne puis plus mourir.

LE CAPUCIN.

Vous me glacez d'effroi! Que devintes-vous? Que fites-vous?

Mme DESBOIS.

Je fus trouver mon oncle qui tenait une auberge dans la
forêt voisine, (c'est celle que j'occupe maintenant); j'implorai
son assistance, mais ce fut en vain. Il me reçut avec une dureté
qui n'a pas d'exemple. Il me dit qu'il avait besoin d'une domestique, et non pas d'une nièce ; que si je voulais cette place, il
me la donnerait.... Indignée!... mais ayant besoin....
j'acceptai —Veilles, travaux, humiliations, j'ai tout supporté ;
j'étois mère, et rien ne pouvait me faire rougir lorsque je tra-
vaillais pour nourrir mes enfans.

LE CAPUCIN.

Que vos parens étaient cruels !

Mme DESBOIS.

Moins que mon amant. J'étais coupable, je n'avais pas le
droit de me plaindre.

LE CAPUCIN *cherchant à lire dans son cœur.*

Dorsainville est bien criminel ! — Après les maux qu'il vous
a causés, peut-être avez-vous fait un autre choix ?

Mme DESBOIS.

Non, personne n'aura d'empire sur mon cœur.

LE CAPUCIN.

Vous le croyez ?

Mme DESBOIS.

J'en suis sûre.

LE CAPUCIN.

Ne jurez de rien.

Mme DESBOIS *d'un ton décidé.*

J'en jure ; l'amour est comme la mort, il ne frappe qu'une fois.

LE CAPUCIN.

Bonne mère, amante fidèle, votre constance doit être récom-
pensée ; et Dorsainville, un jour, réparera ses torts.

Mme DESBOIS.

Je ne le crois pas.

LE CAPUCIN *avec ame.*

Croyez-le.... la vertu malheureuse a bien des droits sur un cœur sensible.

SCÈNE IX.

LES PRÉCÉDENS, MARGUERITE.

MARGUERITE.

Madame, venez donc. Ce jeune officier fait un train abominable. Il vous demande par-tout. Il ne trouve rien de bon, rien n'est bien, il fait enrager tout le monde. O mon dieu ! mon dieu ! quel étourdi !

Mme DESBOIS.

J'y vais. — Allez.

MARGUERITE, *bas à madame Desbois.*

Est-ce que vous gardez ce moine ?

Mme DESBOIS.

Oui, et vous ferez préparer le n.° 2.

MARGUERITE.

A lui cet appartement ?

Mme DESBOIS *d'un ton d'autorité.*

Faites ce que je vous dis. Je veux qu'on ait pour lui tous les égards possibles, et qu'il soit servi exactement.

MARGUERITE *en s'en allant.*

Belle pratique pour en avoir tant de soin !

(Elle sort par la coulisse à droite du théâtre, et Rochemont entre par le fond.)

SCÈNE X.

Mme DESBOIS, LE CAPUCIN, ROCHEMONT.

ROCHEMONT.

Ah ! palsembleu ! l'aventure est unique ! C'était donc pour venir causer avec ce moine que vous m'avez planté là ? C'est admirable !

Mme DESBOIS.

Monsieur, je ne me suis point engagée à vous tenir compagnie.

ROCHEMONT.

Morbleu ! il ne sera pas dit que ce vieux sapajou l'emportera sur moi. Je suis dans une colère !...

Mme DESBOIS.

En vérité, Monsieur, on ne peut reconnaître un homme honnête à la manière dont vous vous conduisez.

ROCHEMONT.

C'est donc là mon rival ? Vous avez du goût.

Mme DESBOIS.

Vos discours me faisaient pitié, et vos procédés excitent mon mépris. (*Elle veut sortir.*)

ROCHEMONT *voulant retenir madame Desbois.*

Oh ! vous ne vous en irez pas.

Mme DESBOIS *fièrement.*

Quel droit avez-vous de m'en empêcher ?

ROCHEMONT.

Du droit de l'amour ! Allons, allons, méchante, embrassez-moi , et faisons la paix.

LE CAPUCIN *à part.*

Quelle impudence !

Mme DESBOIS *avec dignité.*

Monsieur, n'approchez pas !—Il est bien étonnant que vous osiez me manquer chez moi. Vous devriez rougir de vos inconséquences. Méritez l'avantage que vous avez d'appartenir à un corps respectable ; souvenez-vous que c'est par la bravoure, l'honneur et la politesse que nos braves militaires se distinguent, et se font respecter en tous lieux. Vous, qui marchez sur leurs traces , imitez leurs vertus, et ne dégradez pas le noble caractère d'un officier français. (*Elle sort.*)

(*Le Capucin ayant remonté au fond du théâtre pendant la dernière tirade de madame Desbois, se trouve placé naturellement pour empêcher Rochemont de la suivre.*)

SCÈNE XI.

LE CAPUCIN, ROCHEMONT.

ROCHEMONT *suivant madame Desbois.*

Vous prêchez comme un ange, et je vais vous suivre pour entendre le reste de la leçon. (*Le Capucin lui barre le passage en se mettant vis-à-vis la porte du fond.*) Que faites-vous là, bon homme ?

LE CAPUCIN.

Vous me voyez tout prêt à m'opposer à l'insulte et à la violence.

ROCHEMONT.

Vous êtes plaisant ! quel intérêt prenez-vous à cette femme ?

LE CAPUCIN.

L'intérêt le plus puissant ! souvenez vous-en, et gardez-vous de l'outrager devant moi.

SCÈNE XII.

LES PRÉCÉDENS, DORSAINVILLE cadet.

DORSAINVILLE cadet.

Que viens-je d'apprendre ? Comment ! tu as insulté l'hôtesse ? C'est fort mal, et je ne puis approuver....

ROCHEMONT.

Ecoutes-tu cette précieuse ? Est-ce ma faute si elle prend des galanteries pour des offenses ? Mais tu es venu fort à propos pour être témoin de l'aventure la plus plaisante !... (*Il lui montre le Capucin d'un air goguenard.*) Regarde ce champion, voilà mon rival et son chevalier.

LE CAPUCIN.

Monsieur, point de propos : je suis un homme d'honneur, et je vous ai empêché de faire une mauvaise action.

ROCHEMONT.

Vous êtes bien hardi de me parler ainsi ! craignez de recevoir le prix de votre témérité.

LE CAPUCIN.

Je ne crains personne.

ROCHEMONT.

Dorsainville, je crois que ce moine veut m'en imposer?

LE CAPUCIN *à part.*

Dorsainville! serait-ce mon frère?

DORSAINVILLE cadet.

Retirons-nous, et cesse d'offenser ce digne homme.

ROCHEMONT *en colère.*

Je me laisserais manquer par ce Capucin? Morbleu! je veux le corriger de ses impertinences.

LE CAPUCIN *sans quitter sa place, dit avec beaucoup de sang-froid.*

Doucement, jeune insensé; c'est vous qui avez besoin d'une correction. . . . . et je m'en charge.

ROCHEMONT.

Savez-vous que je suis officier?

LE CAPUCIN *le toisant.*

Je crois que vous n'en avez que l'habit.

DORSAINVILLE cadet, *à part.*

Il l'a deviné.

ROCHEMONT *hors de lui.*

Maudit Capucin, tais-toi, ou je vais t'arracher la barbe!

LE CAPUCIN *d'un ton ironique et froid.*

Je ne puis avoir le même avantage, car vous n'en avez pas encore, — et je vois que la raison chez vous est bien moins prématurée.

ROCHEMONT *à Dorsainville cadet en mettant la main sur son épée.*

Je vais couper les oreilles à ce misérable.

LE CAPUCIN *d'un ton ferme.*

Jeune homme, quel droit avez-vous de m'insulter? (*Il va à la porte du fond, ôte la clef, la met dans sa poche, ôte son manteau, le jette sur un fauteuil et revient en face de Rochemont.*) Voyons maintenant qui coupera les oreilles à l'autre.

ROCHEMONT *tirant l'épée.*

Ce sera moi. Allons, détestable moine, fais ta prière, je vais t'anéantir.

DORSAINVILLE cadet, *le retenant.*

Arrête !

ROCHEMONT *s'échappant des mains de Dorsainville et allant au Capucin.*

Laisse-moi !

LE CAPUCIN *sort un pistolet de sa poche et ajuste Rochemont.*

Alte-là ! ou je vous brûle la cervelle.

ROCHEMONT *fait un cri de surprise et se retire.*

Ah ! (*Il tremble et balbutie.*) Arrêtez vous-même.

LE CAPUCIN.

Il n'est plus temps de reculer.

ROCHEMONT.

Les armes ne sont point égales.

LE CAPUCIN *jetant son pistolet.*

Elles vont le devenir. (*Il va à Dorsainville et lui arrache son épée.*) Monsieur, prêtez-moi votre épée.

DORSAINVILLE cadet *voulant reprendre son épée.*

Monsieur, je ne souffrirai pas. . . .

LE CAPUCIN *d'un ton terrible.*

Sur votre vie, laissez-moi faire ! (*A Rochemont.*) A présent, vous n'avez plus de prétexte ; songez à vous bien battre, ou vous périssez. En garde. (*Ils se battent ; Rochemont recule et laisse tomber son épée.*)

ROCHEMONT.

Je suis désarmé.

LE CAPUCIN.

Reprenez votre épée et recommençons.

ROCHEMONT.

Mais c'est un diable que ce Capucin-là !

LE CAPUCIN.

Non, je suis un homme, apprenez à les respecter. Terminons. (*Il se remet en garde.*)

ROCHEMONT.

Encore? oh! ma foi non , en voilà assez.

LE CAPUCIN.

En voilà assez! à ce langage, je parierais que vous n'êtes pas officier.

DORSAINVILLE cadet, *à part.*

Il serait sûr de gagner.

LE CAPUCIN *avec une voix forte.*

Finissons. (*Il se remet encore en garde.*)

DORSAINVILLE cadet *passant au milieu.*

Je m'y oppose. —Eh ! Monsieur, n'allez pas plus avant; je suis certain qu'il est fâché de vous avoir manqué.

ROCHEMONT *d'un air soumis.*

Oui, je sens que j'ai eu tort.... et c'est ce qui fait que....

LE CAPUCIN.

Oh ! dès que vous en convenez, tout est fini. (*Avec la plus grande dignité.*) Allez , Monsieur, remettez votre épée..... et songez que le vrai brave n'en doit faire usage que pour soutenir les intérêts de son pays, et non pour verser injustement le sang de ses semblables. —Voilà la clef, vous pouvez sortir.

ROCHEMONT *prenant la clef.*

C'est ce que je vais faire, Monsieur. (*A part en s'en allant.*) Infernal Capucin, tu me le paieras, et je sais les moyens de me venger. (*Il tire son mouchoir et laisse tomber son porte-feuille.*)

LE CAPUCIN, *en rendant l'épée à Dorsainville.*

Vous, Monsieur, j'ai quelque chose à vous dire , et j'aurai l'honneur de vous revoir.

DORSAINVILLE cadet.

Avec plaisir.

(*Pendant que le Capucin parle à Dorsainville, Rochemont va pour sortir, met la clef dans la serrure, ouvre la porte et Brillant paraît. Cela doit faire tableau.*)

SCÈNE XIII.

LES PRÉCÉDENS, BRILLANT, *avec un baudrier blanc et l'épée.*

BRILLANT *avance un pas, ôte son chapeau en militaire, et reste en attitude.*

Votre servitur.

ROCHEMONT.

A l'autre à présent ! Bon jour, bon jour. (*Il va pour sortir.*)

BRILLANT *remettant son chapeau et l'arrêtant.*

Un pétit moment, un pétit moment, j'ai à vous parler. (*Ils descendent la scène.*)

ROCHEMONT.

A moi ?

BRILLANT.

Justément, à vous-même, de très-près et promptément.

LE CAPUCIN *à part.*

Que veut cet original ?

ROCHEMONT.

Vous voulez me parler, et pourquoi ?

BRILLANT, *d'une voix claire et le contre-faisant.*

Pourquoi ? pourquoi ? Vous lé savez dé reste, pourquoi.

ROCHEMONT.

Moi ! non.

BRILLANT.

Vous né vous souvénez donc pas des offenses qué vous faites ?

ROCHEMONT.

Oh ! c'est pour cela ? Adieu, adieu. (*Il veut sortir.*)

BRILLANT *se mettant devant lui.*

Doucément, doucément.

ROCHEMONT.

J'ai affaire, et je ne puis....

BRILLANT.

Affaire ? — Quand on outrage, la première est dé sé vattre. Lé dé coup poing qué vous m'avez donné est là. (*Il met la main sur son cœur.*) Un ancien militaire né souffre point d'injure, et quand on mé frappe, il faut qué jé tue ou qué l'on m'enterre.

ROCHEMONT *voulant s'en aller.*

Eh ! laissez-moi tranquille.

BRILLANT *élevant la voix.*

Non, dé par tous les diables, jé né vous laissérai pas tranquille. Jé méritérais d'être régardé comme un lache, si j'en démurais-là. Vous avez porté sur ma personne uné main téméraire, uné tache semvlavle né sé lave qu'avec du sang. Marchons.

ROCHEMONT.

Comment ! marchons ?

BRILLANT.

Eh ! oui, cadédis, marchons.

ROCHEMONT *élevant la voix.*

Je trouve singulier que....

BRILLANT *s'approchant tout près de lui.*

Chut, chut; point dé vruit, point dé vruit. Au détour dé l'auverge, dans la pétite ruelle, l'épée à la main, et l'un ou l'autre, *hîc jacet.*

ROCHEMONT.

Tantôt vous serez satisfait.

BRILLANT *vivement et bref.*

Qui diffère à pur !

ROCHEMONT *se redressant.*

Peur ! moi ?

DORSAINVILLE cadet *impatienté.*

Voilà bien des paroles ; s'il vous a offensé, il vous en rendra raison.

BRILLANT *à Dorsainville cadet.*

J'y compte, Moussu.... j'y compte. (*A Rochemont.*) J'espère qué vous né férez pas seller votre chéval sans m'en prévénir. J'attendrai votré visite; si vous né vénez pas, j'aurai encore une fois l'honnur dé vous saluer, et qué jé sois un vélitre si j'y manque.

DORSAINVILLE cadet.

C'est bon, c'est bon, cela suffit.

SCÈNE XIV.

LE CAPUCIN, BRILLANT.

BRILLANT *en colère, et descendant sur le bord du théâtre.*

Il né perdra rien pour attendre! (*Il se met en garde.*) Cap-dé-bious! jé crois lé ténir-là! (*Il tire plusieurs bottes.*) Ah! ah!

LE CAPUCIN, *à part.*

Ce perruquier est venu fort à propos, et je vais m'en servir.

BRILLANT *continuant.*

Source dé la garonne! la velle votte qué jé lui aurais portée! (*Il tire des armes.*) Ah! eh!... ah!... eh!... à vas pour l'éternité! c'est lé onziéme.

LE CAPUCIN, *quand Brillant est fendu, lui prend le bras gauche. Brillant reste en attitude, en retournant la tête.*

Modérez-vous, et parlons du présent.

BRILLANT.

Qué mé voulesse?

LE CAPUCIN.

J'ai besoin de votre ministère.

BRILLANT, *d'un air méprisant.*

Oh! quelle varvache! Vous?... Jé n'ai pas lé temps.

LE CAPUCIN.

Il faut le prendre.

BRILLANT.

J'ai bien autre chose à faire qué dé vous écouter. Jé déteste la gente monacale, et jé né suis pas fait pour être aux ordres d'un homme dé votre espèce.

LE CAPUCIN *le prenant par la main et le ramenant.*

L'ami, soyez plus honnête, et ne faites pas le Rodomont avec moi; vous n'y gagneriez rien, je vous en avertis.

BRILLANT *étonné et regardant sa main.*

Sandis, révérend, vous avez la poigne forte! (*Honnêtement.*) Parlons raison. Vous avez vésoin dé moi?

LE CAPUCIN.

Oui.

BRILLANT.

Vous voudriez couper la varve?

LE CAPUCIN.

Précisément.

BRILLANT, *en plaisantant.*

Mais vos confrères né vous réconnaîtront pas, si vous n'avez plus. . . .

LE CAPUCIN, *d'un ton décidé.*

Point de mots. (*Il lui donne deux écus de six francs.*) Tenez, voilà pour les peines que vous prendrez. Dépêchez-vous.

BRILLANT, *étonné.*

Jé vais chercher mes ustensiles qui sont dans lé cavinet, et jé réviens. (*A part, en s'en allant et faisant sonner les écus.*) Sandis ! voilà un Capucin qui paye comme un Evêque.

SCÈNE XV.

LE CAPUCIN *seul.*

J'AI vu cette face en quelque endroit. . . je ne sais où. . . . (*Se rappelant.*) Ah ! . . . m'y voici. — C'est bon, je vais avoir ma revanche.

SCÈNE XVI.

LE CAPUCIN, BRILLANT, *avec un plat à barbe et une serviette dedans.*

BRILLANT.

MÉ voici; vîte en action.

LE CAPUCIN.

Je suis prêt.

BRILLANT.

Dépêchons, car il mé reste encore une pratique à faire. (*Il tire une botte.*) Ah ! . . .

LE CAPUCIN.

Finirez-vous ?

B R I L L A N T.

Jé fais réflexion. . . jé né puis vous raser ici.

L E   C A P U C I N.

Allons dans un autre endroit.

B R I L L A N T.

Céla mé paraît plaisant ! moi qui les trois quarts dé ma vie n'ai rasé qué des officiers.

L E   C A P U C I N , *le fixant.*

Effectivement, je crois vous reconnaître.

B R I L L A N T.

Pas possible.

L E   C A P U C I N.

Vous avez été militaire ?

B R I L L A N T.

Dans l'ame !

L E   C A P U C I N.

Vous avez été fourrier dans le régiment de Languedoc-dragons ?

B R I L L A N T , *d'un ton avantageux.*

Douze ans, avec honnur !

L E   C A P U C I N.

Peut-être ?

B R I L L A N T.

Point dé doutes. La rénommée vole, et peut puvlier mes velles actions.

L E   C A P U C I N.

Vous avez déserté.

B R I L L A N T , *reste stupéfait de surprise.*

(*A part.*) Oh ! c'est lé diable! (*Haut.*) C'est qué jé n'étais pas content.

L E   C A P U C I N.

Vous deviez deux cents francs à votre capitaine, quand vous êtes parti ?

B R I L L A N T , *à part.*

Il est sorcier! (*Haut.*) Jé l'avais ouvlié , mais jé né lé nie point. On né sait cé qu'il est dévénu , car sans quoi il y a long-temps qué jé sérais liquidé. Une vagatelle commé ça né vaut pas la peine. . . . Avez-vous lé don dé déviner ?

LE CAPUCIN.

Non , mais celui de me ressouvenir. (*Avec une voix forte.*)
Me reconnais-tu, Brillant ?

BRILLANT , *l'examinant.*

Jé mé donne au diable si jé vous rémets ! Votre nom ?

LE CAPUCIN.

Dorsainville.

BRILLANT.

Sandis ! vous êtes mon capitaine !

LE CAPUCIN.

C'est moi-même.

BRILLANT.

Mon capitaine , jé vous démande pardon.

LE CAPUCIN.

Et moi, je vous demande mon argent.

BRILLANT.

Jé né suis pas dans la possibilité pour lé moment ; ma parole ,
jé né lé puis pas.

LE CAPUCIN.

Il ne fallait donc pas faire l'insolent.

BRILLANT.

J'avais dé l'humur ; jé né savais à qui jé parlais ; cé costume
m'a trompé, et. . .

LE CAPUCIN , *le prenant par la main et l'amenant au bord du théâtre.*

Le vrai moyen de ne se point tromper, c'est de ne manquer
à personne.

BRILLANT.

Mon capitaine, jé suis pauvre, mais j'ai dé la probité ; et
pour vous lé prouver, soixante francs font toute ma fortune ;
si vous en avez vésoin, jé vous les offre en à-compte dé cé
qué jé vous dois. (*Il lui présente la bourse que Marguerite lui
a donné.*)

LE CAPUCIN , *avec effusion.*

Bien , mon ami, bien ! tu es honnête homme, et cela me
sufrit. Ta bonne volonté me charme ! J'ai pitié de ta misere ;
apprends à ton tour à compatir à celle des infortunés.

BRILLANT *au comble de la joie, et remettant la bourse dans sa poche.*

Ah ! mon cher capitaine, jé réconnais votre bon cur ! et ma réconnaissance séra sans vornes.

LE CAPUCIN.

Finissons. J'ai besoin de toi.

BRILLANT, *avec enthousiasme et rapidement.*

Vous avez vésoin dé moi ? parlez : dans lé feu , dans l'eau , dans l'air, à pied, à cheval, jé suis tout à votre disposition.

LE CAPUCIN, *lui donnant une bourse.*

Voilà de l'argent. Je veux quitter ce froc ; ici, ou ailleurs , il faut m'avoir un habit.

BRILLANT, *rêvant.*

Où diantre trouver céla ? . . . Oh ! jé mé rappelle ! . . . J'ai achété le vutin d'un officier , et jé vous lé cédérai. (*Le toisant des yeux.*) Jé suis certain qué cet accoutrément vous ira.

LE CAPUCIN.

Fort bien. Va me le chercher.

BRILLANT.

Vénez dans ma chamvre, au n°. 14, et vous y trouvérez le vagage.

LE CAPUCIN.

Sur-tout , garde-moi le secret.

BRILLANT, *d'un ton important.*

Jé vous lé jure, foi dé Gascon ! — Ah ! — Jé vais préparer votre toilette. (*Il revient avec un air soumis et dit humblement :*) Mon capitaine , vous mé pardonnez mes pétites frédaines ?

LE CAPUCIN.

Va , je connais la religion naturelle , qui dit au cœur de l'homme d'être tolérant. J'oublie tes offenses , et je te fais remise de ce dont tu m'es redevable.

BRILLANT.

Si tous ceux à qui jé dois savaient cette réligion comme vous, jé sérais moins tourmenté , et mes dettes vientôt payées. Mes créanciers dévraient l'apprendre ; quelques mois dé votre théologie né leur féraient pas grand tort, et mé féraient grand vien.

LE CAPUCIN.

Va donc , et ne perds point de temps.

BRILLANT.

Jé vole ! (*Il sort en courant et s'arrête au fond du théâtre en voyant le porte-feuill.; il le ramasse et l'apporte au Capucin.*) Quel est cé porte-feuille ? Est-ce à vous, mon capitaine ?

LE CAPUCIN prend le porte-feuille, le regarde et lit sur le dessus.

« J'appartiens à monsieur Rochemont, clerc de procureur à » Fréjus. » — La découverte est unique ! J'aurais juré que ce jeune homme n'était pas officier.

BRILLANT.

Et moi dé même ! — En France, quand il s'agit dé l'honnur, l'épée des militaires né tient pas dans lé fourreau ! — Donnez lé porte-feuille, jé lé lui remettrai. — Ah ! pétit cadédis, memvre dé la chicane, jé té férai payer les frais dé notre procédure.

SCÈNE XVII.

LE CAPUCIN *seul.*

Enfin, je vais quitter cet affreux vêtement ! . . . Quel heureux coup du sort ! en un même jour, je revois mon épouse, mes enfans, et peut-être un frère que j'ai tendrement aimé ! — Julie. . . adorable Julie ! je fus l'auteur de tes maux, et je serai celui de ton bonheur ! — Le tableau de ses infortunes a pénétré mon ame. A quoi l'avais-je réduite, ô ciel ! Aveuglée par le désespoir. . . au bord du fleuve. . . si elle avait ? . . . A mon retour, son tombeau aurait été le mien. — Souvenirs cruels, cessez de me tourmenter : c'est peu de se repentir, il faut réparer. Remords, sortez de mon cœur ! L'honneur parle, la nature et la vertu vont triompher.

Fin du second Acte.

ACTE III.

SCÈNE PREMIÈRE.

BRILLANT, MARGUERITE.

MARGUERITE *entre en colère, suivie de Brillant.*

AH ! si je trouve ici ce damné Capucin, nous allons voir beau jeu ! . . . Il n'y est pas, tant pis.

BRILLANT.

Jé vous conjure, madémoiselle Marguérite. . .

MARGUERITE.

Comment ! se battre à l'épée dans une maison respectable ? Les cavaliers viennent d'arriver, ce jeune officier a porté plainte, et cela ira mal pour le Capucin.

BRILLANT.

Peut-être ? il n'a pas tort ; il m'a confié des choses étonnantes, et vous verrez des événémens qui vous surprendront.

MARGUERITE.

Je ne vous écoute pas. Et quel est ce militaire avec qui vous causiez ?

BRILLANT.

Jé né puis vous lé dire.

MARGUERITE, *d'un ton absolu.*

Je veux le savoir.

BRILLANT.

Céla né sé peut.

MARGUERITE, *en colère, et frappant du pied.*

Je le veux, je le veux, vous dis-je.

BRILLANT, *impatienté.*

Sandis ! vous êtes la plus curieuse fémelle dé l'univers ! Non, vous né lé saurez pas.

MARGUERITE.

Et qui vous engage à garder ce secret ?

BRILLANT, *avec dignité.*

J'ai donné ma parole d'honmur !

MARGUERITE, *calmée.*

Ah ! c'est différent. Je n'ai qu'entrevu ce capitaine, mais il a bonne mine, et il vous a donné une bourse ?

BRILLANT.

Assurément.

MARGUERITE.

Il est bien généreux !

BRILLANT *d'un ton avantageux.*

C'est la récompense dé mon mérite !

MARGUERITE *brusquement.*

C'est plus que vous ne valez.

BRILLANT *s'approchant d'elle.*

Ah ! friponne, votre vouche trahit votre cur.

MARGUERITE.

Ce Gascon a une prévention insupportable ! (*Durement en tendant la main.*) Mes vingt écus.

BRILLANT *tirant la bourse.*

Vous m'avez ovligé générusement, jé m'acquitte avec réconnaissance. (*Il lui donne la bourse.*) Gardez cette vourse, car j'espère qué votre pétit trésor sera vientôt uni au mien.

MARGUERITE *mettant la bourse dans sa poche.*

Pas sitôt.

BRILLANT.

Jé mure si vous différez ! Faites vos réflexions.

MARGUERITE *d'un ton mignard.*

Elles sont toutes faites, mauvais garnement ; vous savez bien que... Voilà cet officier, il est libéral, laisons-lui politesse.

SCENE II.

LES PRÉCÉDENS, DORSAINVILLE aîné,
DORSAINVILLE cadet.

DORSAINVILLE aîné.

BRILLANT, laisse-nous.

BRILLANT *ôtant son chapeau.*

Jé mé rétire. (*Il sort en faisant signe à Marguerite de le suivre ; elle lui répond aussi par signe qu'elle veut parler à Dorsainville aîné.*)

SCÈNE III.

MARGUERITE, DORSAINVILLE aîné,
DORSAINVILLE cadet.

MARGUERITE *faisant de petites révérences.*

MONSIEUR veut-il loger ici ?

DORSAINVILLE aîné *faisant la grosse voix et prenant un ton brusque.*

Oui.

MARGUERITTE *faisant l'agréable et parlant très-vite.*

Monsieur, nous vous recevrons avec plaisir, et vous nous faites beaucoup d'honneur. Comptez, Monsieur, sur mes soins, mon zèle, mes attentions ; enfin, sur tout ce qui dépendra de moi pour votre service.

DORSAINVILLE aîné.

Je le crois, vous êtes si honnête !

MARGUERITTE *toujours vivement.*

Je ne fais que mon devoir ; tous les étrangers se louent de ma politesse, et j'espère que Monsieur à son tour me rendra justice.

DORSAINVILLE aîné.

Oh! je vous l'ai déja rendue.

E

MARGUERITTE *rapidement.*

Très-obligé, Monsieur, ne vous gênez pas, commandez hardiment, et vous serez servi avec ponctualité. (*A part.*) Il y a plaisir de servir un aimable cavalier comme ça, et non pas ce vilain Capucin. (*Dorsainville aîné lui fait signe de s'en aller.*) Votre très-humble, Messieurs ! (*en s'en allant.*) Je ne sais, mais cette figure ne m'est point inconnue. (*Elle sort.*)

SCÈNE IV.

DORSAINVILLE aîné , DORSAINVILLE cadet.

DORSAINVILLE aîné.

Nous serons plus tranquilles ici , achevons notre conversation.

DORSAINVILLE cadet.

Mon frère, je rougis de ma conduite passée. Croyant que vous n'existiez plus, et cédant aux mauvais conseils , j'allais vendre votre terre , et.....

DORSAINVILLE aîné.

N'en parlons plus , et songeons au plus pressé. Il faut t'acquitter envers tes créanciers.

DORSAINVILLE cadet.

Je n'en ai plus les moyens.

DORSAINVILLE aîné.

Ton patrimoine est dissipé ?

DORSAINVILLE cadet.

Tout-à-fait.

DORSAINVILLE aîné.

Le mien est-il entier ?

DORSAINVILLE cadet.

Oui , vous pouvez compter sur cinquante mille livres de rente.

DORSAINVILLE aîné , *avec joie.*

Je pourrai donc faire des heureux ! — Ami, tu ne sentiras pas la misère.

DORSAINVILLE cadet *le pressant dans ses bras.*

Mon cher frère !

DORSAINVILLE aîné.

Laissons cela. Je suis charmé de t'avoir rencontré pour t'obliger et te prier de ma noce.

DORSAINVILLE cadet.

Après ce que vous m'avez dit, madame Desbois mérite bien le sort que vous lui destinez.

DORSAINVILLE aîné.

Fasse le ciel qu'elle veuille me pardonner ! (*On entend un grand bruit derrière le théâtre.*)

DORSAINVILLE cadet.

Que signifie ce bruit ?

SCÈNE V.

LES PRÉCÉDENS, ROCHEMONT, L'EXEMPT, BRILLANT, MARGUERITE , quatre Cavaliers le sabre à la main.

ROCHEMONT *entrant.*

Venez , Messieurs, venez ; je vais vous faire trouver cet insolent moine qui m'a fait battre en duel , après m'avoir outragé.

L'EXEMPT *à Marguerite.*

Comment, votre maîtresse reçoit chez elle un Capucin qui tire l'épée contre les voyageurs ? C'est un brigand déguisé , sans doute ?

DORSAINVILLE aîné *à part.*

C'est à moi qu'on en veut.

L'EXEMPT *à Marguerite.*

Allez chercher madame Desbois.

MARGUERITE.

J'y vais. (*En s'en allant.*) La voilà bien avancée avec sa charité.

(*Elle sort.*)

SCÈNE VI.

LES PRÉCÉDENS, hors MARGUERITE.

L'EXEMPT *à Rochemont.*

Où donc est l'homme que vous avez dénoncé?

DORSAINVILLE aîné *se présentant.*

Le voici. C'est moi qui suis ce Capucin que vous cherchez.

L'EXEMPT.

Encore un déguisement? (*Aux Cavaliers.*) Qu'on l'arrête.
(*Les Cavaliers font un mouvement.*)

DORSAINVILLE cadet, *mettant l'épée à la main et se plaçant devant son frère.*

C'est mon frère, n'avancez pas, ou craignez ma colère!

BRILLANT *tirant l'épée et se mettant devant Dorsainville aîné.*

Il est mon bienfaitur, et jé lui fais une muraille dé mon
mon corps.

DORSAINVILLE aîné *prenant le milieu de la scène.*

Mes amis, point de rébellion! Ces messieurs font le dû de
leur place. Si je suis criminel, je dois être puni; si je suis in-
nocent, laissez-moi me justifier. (*Dorsainville cadet et Brillant
remettent leurs épées.*)

L'EXEMPT *à Dorsainville cadet et à Brillant.*

Messieurs, il vous sied mal de vous comporter ainsi; et si
la prudence ne me retenait.... Mais revenons à l'objet prin-
cipal. (*A Dorsainville aîné.*) En vous tout m'est suspect.
Pourquoi avez-vous tiré l'épée contre Monsieur?

DORSAINVILLE aîné.

Pour défendre mes jours, et mon accusateur est le seul coupable.

L'EXEMPT.

Mais pourquoi ce travestissement? Vous étiez vêtu en moine.
Qui êtes-vous? Où allez-vous?

DORSAINVILLE aîné *lui donnant son porte-feuille.*

Voilà ma réponse. Examinez ces papiers, vous verrez qui je

je suis. J'attends tout de vos lumières et de votre équité.
(*L'Exempt prend le porte-feuille et lit les papiers. Brillant,
pendant le dialogue, est venu se placer derrière Rochemont.*)

ROCHEMONT *à part.*

Me serais-je trompé ?

BRILLANT *à Rochemont.*

Considéravlément ! quand on juge l'homme par son havit, on
s'expose à faire de grandes bévues.

DORSAINVILLE aîné *à Rochemont.*

Jeune homme, après m'avoir outragé, vous avez eu l'inhu-
manité d'aller porter plainte contre moi : cela ne fait pas l'éloge
de votre cœur.

ROCHEMONT *confus.*

J'ignorais. . . .

DORSAINVILLE cadet *à Rochemont.*

Vous avez été l'accuser ? (*Mettant la main sur la garde de
son épée.*) Vous mériteriez. . . .

DORSAINVILLE aîné *à son frère.*

Point de colère, un dénonciateur ne mérite que le mépris.

BRILLANT.

Mon capitaine, patience, lé cadédis vous a dénoncé, mais
chacun aura son tour.

L'EXEMPT *en rendant le porte-feuille à Dorsainville aîné.*

Monsieur, reprenez votre porte-feuille, je suis suffisamment
instruit. Vous sortez de l'inquisition, vous avez bien dû souffrir !
(*A Rochemont.*) Vous, Monsieur, votre accusation est une
calomnie, et je rougis de l'avoir écoutée. Quand on a l'audace
d'offenser quelqu'un, on ne doit pas avoir la cruauté de le faire
punir.

BRILLANT.

Lé porté-feuille dé mon capitaine est vérifié; voyez main-
ténant si célui-ci est aussi en règle qué lé sien ? (*Il donne le
porte-feuille à l'Exempt qui le visite à son tour.*)

ROCHEMONT.

Mon porte-feuille ! je suis perdu.

BRILLANT *montrant Rochemont.*

Il change dé coulur !

E 2

ROCHEMONT, *bas à Brillant.*

Dis que tu t'es trompé, je te récompenserai.

BRILLANT.

Point, il est temps que les malfaiturs et les intrigans soient punis.

L'EXEMPT, *après avoir lu.*

Monsieur Rochemont, clerc de procureur ? Vous êtes l'homme que nous cherchons.

ROCHEMONT *voulant faire bonne contenance.*

Monsieur, vous vous trompez, je suis officier.

BRILLANT.

Oui, du régiment dé l'écritoire.

ROCHEMONT.

Et pourquoi me cherchez-vous !

L'EXEMPT.

Vous le savez mieux que moi. Est-il possible que vous vous couvriez d'un uniforme respectable pour faire de telles bassesses?

BRILLANT.

C'est l'âne coubert dé la peau du lion.

ROCHEMONT.

Quelles sont mes fautes?

L'EXEMPT.

Cent cinquante louis dérobés à Monsieur votre père, des dettes considérables à payer, et.... permettez-moi de taire le reste.

ROCHEMONT.

Monsieur, cela n'est pas.

L'EXEMPT.

J'ai des ordres, je dois exécuter. (*Aux Cavaliers.*) Reconduisez-le chez son père, il en ordonnera. (*A Rochemont.*) Remettez-moi votre épéc.

BRILLANT.

Elle n'est pas dangéruse.

ROCHEMONT *donne son épée.*

La voici (*A Dorsainville cadet.*) L'ami Dorsainville voudra bien se ressouvenir que nous avons un petit compte à régler.

DORSAINVILLE cadet.

Nous en avons deux. Je vous reverrai bientôt.

L'EXEMPT.

Partez.

ROCHEMONT *aux Cavaliers.*

Allons, Messieurs, puisque cela vous amuse, nous ferons
la route ensemble. (*A Brillant.*) Toi, faquin, tu me le paieras.

BRILLANT.

Bon voyage, pétit cadédis ; soubénez-vous du proverve qui
dit : à qui mal veut, mal arrive. (*Rochemont sort suivi des
Cavaliers.*

SCÈNE VII.

DORSAINVILLE aîné , DORSAINVILLE cadet,
L'EXEMPT, BRILLANT.

L'EXEMPT.

Monsieur Dorsainville et Brillant ont été un peu vifs dans
cette affaire ; mais pour un frère, pour un bienfaiteur. . . je
crois que j'en aurais fait autant. Le motif fournit l'excuse.
(*A Dorsainville aîné, en ôtant son chapeau.*) Adieu, Monsieur,
ne m'en veuillez pas, je vous prie. Je fus l'ami de votre famille,
et j'espère que vous voudrez bien me conserver ce titre.

DORSAINVILLE aîné , *lui prenant la main.*

Je m'honorerai toujours d'être l'ami d'un brave homme tel
que vous. (*L'Exempt le salue et sort*).

SCÈNE VIII.

DORSAINVILLE aîné , DORSAINVILLE cadet ,
BRILLANT , AUGUSTIN , CHARLOTTE ,
entrant par la porte du fond.

AUGUSTIN *dans le fond du théâtre.*

Ma sœur, viens donc ; on dit qu'on veut arrêter le Capucin.
(*Ils descendent en courant, s'arrêtent tout-à-coup en voyant
Dorsainville aîné , et font un cri de surprise. Dorsainville
aîné doit être au milieu d'eux.*)

LES DEUX ENFANS *ensemble.*

Ah ! (*Ils restent immobiles.*)

AUGUSTIN *considérant Dorsainville aîné avec la plus grande attention, et s'adressant à sa sœur.*

Charlotte ? . . . Charlotte ? . . .

CHARLOTTE, *émue.*

Eh bien !

AUGUSTIN, *lui montrant Dorsainville aîné.*

Regarde donc.

CHARLOTTE.

Je crois voir. . .

AUGUSTIN.

Tu ne devines pas ? . . .

CHARLOTTE, *hésitant.*

Si. . . si. . . Mais je n'ose pas dire. . .

DORSAINVILLE aîné, *à part.*

Me reconnaîtraient-ils ?

AUGUSTIN, *avec explosion.*

Ma sœur, c'est notre bon papa !

DORSAINVILLE, *troublé.*

Moi ?

CHARLOTTE, *avec force.*

Plus d'incertitudes ; vous êtes semblable au portrait.

DORSAINVILLE aîné.

Mais êtes-vous bien sûrs. . . .

AUGUSTIN.

Oui, bien sûrs ! Vos traits depuis long-temps ayant frappés nos yeux, se sont gravés dans nos cœurs. (*Dorsainville cache ses larmes avec son mouchoir.*)

CHARLOTTE, *à genoux.*

Vous versez des pleurs ? Ah ! reconnaissez vos pauvres petits enfans.

AUGUSTIN, *à genoux.*

Tendez-nous les bras, et recevez-nous dans votre sein.

DORSAINVILLE aîné, *les relevant, dit avec ame.*

Pour toujours ! Enfans infortunés, je vous arrose de mes

larmes ; je vous presse contre mon cœur !... Aimez bien votre père , et pardonnez-lui vos malheurs. (*Il les embrasse à plusieurs reprises.*)

SCÈNE IX et dernière.

LES PRÉCÉDENS, M.me DESBOIS , MARGUERITE.

MARGUERITE *dans le fond, avec M.me Desbois.*

Oui , Madame , ce Capucin....

M.me DESBOIS , *voyant ses enfans dans les bras de leur père.*

Que vois-je ? Qui donc embrasse mes enfans ?

LES DEUX ENFANS *courant à leur mère , en criant de toutes leurs forces.*

Maman, voilà notre papa !

M.me DESBOIS , *étonnée et troublée.*

Que dites-vous? (*Elle descend vivement, voit Dorsainville aîné, s'arrête tout-à coup et jette un grand cri.*) Dorsainville!... Je me meurs... (*Elle tombe dans les bras de Marguerite ; Brillant avance un fauteuil vis-à-vis le trou du souffleur , et Marguerite y fait asseoir sa maîtresse, qui reste évanouie.*)

LES DEUX ENFANS *effrayés , allant auprès de leur mère.*

Maman ! maman !

DORSAINVILLE aîné.

O mon amie ! reviens à toi ; ce n'est plus Dorsainville ingrat qui se présente à ta vue ; c'est un amant sincère qui vient te supplier de lui donner ta main : ne me la refuse pas. Si je fus égaré , c'est un malheur ; si je fus coupable , tu dois me plaindre ; si je suis vertueux , tu dois me pardonner.

M.me DESBOIS *faible, troublée, et revenant à elle par degré.*

Dorsainville !... Vous ?... vous ?.. (*Elle détourne la tête.*) O ciel !... ciel !... (*Elle retombe.*)

AUGUSTIN , *à genoux, en pleurant.*

Maman, pardonnez à mon papa.

CHARLOTTE , *à genoux.*

Ma bonne maman , laissez-vous fléchir ?

Mme DESBOIS , *dans le délire , et d'une voix faible.*

Je ne puis croire... Non... non. (*Elle porte son mouchoir sur ses yeux.*)

DORSAINVILLE aîné, *avec la plus grande chaleur, et se mettant aux pieds de Mme Desbois.*)

Vois mon fils et ma fille à tes pieds, qui te demandent l'auteur de leur existence ! Tu n'as pas le droit de le leur refuser. Veux-tu qu'un jour, me reprochant leur naissance, je sois accablé de leur malédiction ? Cède au sentiment, à ma douleur, à mes remords, et que le cri du sang retentisse jusqu'au fond de ton cœur. Si tu n'es plus amante, sois mère ; donne un père à tes enfans ; oublie les erreurs de l'amour, et fais triompher la nature.

Mme DESBOIS , *en regardant Dorsainville aîné, dit avec force :*

Après tant de cruautés, devrais-je croire à ton repentir ? (*Avec douceur, à ses enfans.*) Mais vous demandez la grace de votre père ?

AUGUSTIN.

Oh ! oui , maman , et de tout notre cœur !

Mme DESBOIS.

Il vous la doit. (*Elle lui montre ses enfans.*) Voilà ton crime... et ton excuse.

DORSAINVILLE aîné.

Tu me pardonnes ?

Mme DESBOIS *lui présentant ses enfans , et se levant.*

Tiens, je te rends tes enfans.

DORSAINVILLE aîné *lui tendant les bras.*

Et mon épouse ?

Mme DESBOIS *regarde les enfans , et tombe dans les bras de Dorsainville.*

Nous sommes inséparables.

DORSAINVILLE aîné *se relevant.*

O ma chère Julie ! c'est par le mariage que je dois completter ma réparation. Quitte ton état, tu n'en as plus besoin. Viens jouir de la tranquillité que de si longs travaux doivent te faire desirer, et que la richesse soit la récompense du mérite et de la vertu.

Mme DESBOIS *lui présentant la main.*

Ma main t'appartient. Séparés par l'orgueil, l'amour nous réunit. Je t'ai conservé tes enfans, sois leur tendre père ; mais si tu pouvais encore t'égarer, souviens-toi des adversités de ta pauvre Julie, et des malheurs de l'inconstance.

DORSAINVILLE aîné.

Oh ! toute la vie !.... Voici mon frère que je te présente, il sera le tien. (*Aux enfans.*) Connaissez votre oncle : ayez pour lui du respect et de l'amitié.

BRILLANT, *à madame Desbois.*

Si Madame voulait, nous pourrions aussi mademoiselle Marguérite et moi....

Mme DESBOIS.

Je le veux bien.

MARGUERITE.

Je consens à vous épouser ; mais me serez-vous fidèle ?

BRILLANT.

Toujours ! jé suis comme lé lierre, jé mure où jé m'attache.

Mme DESBOIS.

Marguerite, voici le moment de m'acquitter. Je vous laisse mon auberge toute garnie pendant cinq ans, et sans aucun intérêt. Ne changez rien à la règle établie envers les pauvres, et s'ils trouvent en vous le même appui qu'ils eurent en moi, je me croirai payée de mon bienfait.

MARGUERITE *hors d'elle-même.*

O ma bonne maîtresse ! je ne puis vous exprimer ma reconnaissance ! (*A Dorsainville aîné, d'un air confus.*) Vous, Monsieur, je vous ai traité si durement, que je crains.....

DORSAINVILLE aîné.

Vous voyez qu'il ne faut rebuter personne : que cela vous serve de leçon.

MARGUERITE.

Celle-ci est bonne, et je m'en souviendrai.

AUGUSTIN.

Mon papa, vous resterez toujours avec nous ?

DORSAINVILLE aîné.

Je vous le jure ! (*Il prend la main de Mme Desbois.*) O ma
Julie ! (*Il prend ses enfans de l'autre bras.*) O mes chers enfans !
Les erreurs de ma jeunesse ont causé vos malheurs ; ils sont
finis : fixé à jamais dans le sein d'une famille chérie, je ne
m'occuperai que de son bonheur. — Fidèle époux.... tendre
père... c'est aujourd'hui que je vais mériter ces titres sacrés.
— Ah ! s'il est cruel de faire des fautes, il est bien doux de les
réparer.

Fin du troisième et dernier Acte.

AVERTISSEMENT.

On prévient le Public, qu'un grand nombre d'Auteurs
dramatiques ayant cherché le moyen de parer aux contre-
façons, s'est déterminé à faire exécuter un Cachet identique
qu'il sera impossible d'imiter, et qui sera déposé au Bureau
dramatique établi *rue Helvétius*, n.° 664, près celle Chabanais.
Ce Cachet, la propriété des Auteurs, sera empreint sur chaque
exemplaire Mais ce moyen ne pouvant pas être d'une exé-
cution très-prompte, on prévient, en attendant, que tous les
exemplaires du *Mariage du Capucin*, et d'autres Pièces, s'il y
a lieu, seront signés du Fondé de pouvoirs des Auteurs dramatiques, à l'adresse ci-dessus indiquée.

Nota. Comme il pourrait se faire que les pièces de théâtre fussent
contre-faites dans les Départemens, les Correspondans des Auteurs dans
chaque Département sont invités à poursuivre, aux termes de la Loi,
tout contre-facteur ou vendeur de contre-façons, s'il s'en découvre.

DE L'IMPRIMERIE DE MIGNERET,
RUE JACOB, N.° 1186.

ROMANCE

DU MARIAGE DU CAPUCIN
Chanté Par M^{de} DESBOIS.
Paroles du C^{en} PELLETIER VOLMÉRANGE.

(propriété de l'éditeur enregistré a la bibliotèque Nationale)

2.^e

Jamais le doux nom de mere,
Ne pourra charmer mon cœur.
De l'honneur la loi sevère,
Proscrit ce nom si flatteur.
Heureuse, dans ma misère !
Si pour prix de mon amour,
Vous ne méprisez la mere,
Qui vous a donné le jour. (Bis)

3.^e

De l'ingrat qui m'as séduite,
Mon fils m'offre tous les traits.
L'état où je fus réduite,
Est le fruit de ses forfaits.
J'oublierai mon infidelle,
Pour vous conserver le jour;
La tendresse maternelle,
Est préférable a l'amour. (Bis)